Cómo ser un José de este siglo

Jorge Gamboa
2009

Free in Christ Ministries International
Ministerios Libres en Cristo

A menos que se indique lo contrario, todas las citas Bíblicas han sido tomadas de la Versión Reina Valera (VRV) de la *Santa Biblia*. Anotaciones bíblicas marcadas como (NVRV) han sido tomadas de : *La Nueva Versión Reina Valera*.

Diseño de la Cubierta y edición de texto:
      FicmiProductions Media Center
            Free in Christ Ministries Intl. Inc.
                  www.ficmiproductions.com

Publicado en Beaverton, Oregon, por GOOD CATCH PUBLISHING
www.goodcatchpublishing.com

ISBN: 978-0-9824981-2-5

Printed in the United States of America

Dedico este libro

A todos los **José** de esta generación. A aquellos que no han sacrificado su fe ni sus principios por los esquemas del mundo. A esos valientes que no han temido proclamar su fe en el Dios vivo.

A mis hijos, Daniel, Catalina y Alejandra,
¡Ustedes son mi inspiración!

Índice

Prefacio

Reconocimientos   11

1. En busca de José   13
2. El José del Génesis   21
3. Relaciones entre padres e hijos   35
4. Honrando la paternidad   53
5. ¿ Qué tipo de hijo era José?   65
6. Un complot para matar a José   81

7. La casa de Potifar   93

8. Una cárcel fuera de lo común   107

9. Estrategia divina   121

10. Características de un José de este siglo   141

Bibliografía   171

Información   173

Prefacio

Durante mucho tiempo existió en mi la necesidad de plasmar ciertos principios con los cuales crecí, otros que llegaron por revelación, y otros por la sabiduría que traen los años.

Este libro refleja la historia de un joven quien, teniendo el favor de su padre y el favor de Dios fue privado de su libertad. A veces, existen cosas externas que limitan nuestro futuro; que traen sufrimiento, dolor y angustia produciendo en los ojos de aquellos que nos ven lástima y desasosiego.

En la vida de José aprendemos a creerle a Dios por sobre todas las cosas. Aprendemos a quitarle poder de destrucción a nuestro pasado; a sentir dolor pero sin errar al blanco. Aprendemos a entender que si Dios nos ha prometido algo El lo cumplirá a pesar de lo que veamos, sintamos o escuchemos, porque Dios ya llegó al capitulo final de nuestra existencia. Desde el momento que Dios habló a nuestra vida esa promesa, lo hizo estando parado sobre el lugar de cumplimiento de la misma. En otras palabras, cuando Dios habla, habla de lo que ya vio.

Con este libro quiero animar a aquellos "José" de esta generación, sin importar el lugar donde se encuentren. Tal vez estén en casa de su padre, rodeados de hermanos que diariamente traen dolor y sufrimiento a su vida. Quizás se encuentren en una cisterna donde no existe una salida. Tal vez vayan marchando kilómetros de kilómetros en el desierto, encadenados y esclavos sin conocer su destino, y que hasta el día de hoy lo único que les mantiene con vida es el sueño que Dios depositó en sus corazones; esa palabra profética a la cual se aferraron, esa visión que fue plasmada en sus mentes.

A esos "José', a esta generación, escribo esperando que esta historia e investigación les inspire a seguir adelante, confiando en que Aquel que los llamó también perfeccionará su camino y les pondrá en casa de Faraón, les hará padres de naciones, les dará influencia y poder para que el mundo pueda decir que existe un Dios poderoso, que cumple Sus palabras, que es fiel y misericordioso, en el cual no hay mudanza alguna ni sombra de variación; que llama las cosas que no son como si fueran. A El sea toda la gloria y el honor, por los siglos de los siglos. ¡Amen!

Jorge Gamboa

Reconocimientos

Quiero agradecer a mis tres hijos: Daniel, Catalina y Alejandra, su sacrificio y su devoción para ayudarnos a cumplir el ministerio que Dios nos ha encomendado.

A mi esposa Lorena, la cual ha sido mi ayuda idónea en todo este proceso, siendo un ejemplo en fe, dedicación y amor por Dios.

A mis Pastores, Bill y Evelyn Traylor, muchas gracias por creer en mi, por sus palabras de consejo y por su apoyo incondicional.

A mis padres por instruirme en los caminos de Dios, yo soy el cumplimiento de su esfuerzo, quiero decirles que lo que plantaron en mi no fue en vano, las largas caminatas llevándonos a la iglesia, en medio de la lluvia, el viento y demás, formaron el carácter de Dios en mi. Gracias por su esfuerzo y dedicación para guiarme a ver a Dios como mi proveedor, y Señor.

A mis hermanas, Viviana, Raquel y Rebeca, gracias por su amor incondicional, gracias por creer en mi.

A mi suegra, Margarita, muchas gracias por creer en mi, por su apoyo total, y por el amor y cariño con el que siempre me ha tratado.

A todos los pastores, amigos que han abierto sus congregaciones a nuestro ministerio, ¡Muchísimas gracias!

Capítulo 1

Capítulo 1
En busca de José

Hubo este hombre llamado José, del cual habla la Biblia en el Antiguo Testamento en el libro del Génesis. Este hombre cambió la historia del pueblo Hebreo y sus obras fueron conocidas en el mundo antiguo. De hecho, existen muchas evidencias en escritos egipcios que afirman la existencia de un hombre cuya vida es paralela a la del José de la Biblia.

Antes de José, Abraham había visitado Egipto con su esposa Sara (Génesis 12: 10-20) y según el historiador Josefo, Abraham fue el responsable de traer el conocimiento a esta tierra de Egipto durante el reinado de la primera dinastía. Unos 200 años después José fue llevado a Egipto y colocado en una posición muy alta en esa tierra. *(Investigación por: Ron Wyatt)*

Todo esto sucedió durante el reinado de la tercera dinastía, y precisamente durante ese mismo período de tiempo apareció un hombre que es nombrado en los anales antiguos y conocido como: Imhotep.

En 1890 Charles Wilbour descubrió esta roca (en la isla de Sahal en el Nilo) que cuenta la historia de Imhotep

Similitudes entre Imhotep y José

Imhotep en el egipcio antiguo se traduce como "la voz o la boca de Dios". El nombre egipcio dado a José: Zaphenath-paneah ha sido traducido por algunos como: "el Dios que vive y el Dios que habla".

Maneto (historiador nombrado por Josefo en su libro: "José contra Apión") escribió que: "durante el reinado de la tercera dinastía, vivió Imhotep, quien debido a sus destrezas médicas tenía reputación entre los egipcios de ser un Asclepius (dios griego de la medicina) quien a su vez fue el inventor del arte de construir con piedra".

Existen excavaciones realizadas a la pirámide de Sakkara donde se hallaron fragmentos de una estatua del faraón de la tercera dinastía donde aparecen los nombres del faraón Djoser y de "Imhotep, consejero del Rey del bajo Egipto, administrador del palacio, gobernador puesto por el rey, sumo sacerdote de Heliópolis, Imhotep el constructor, es cultor y artesano de vasos de piedra."

La inscripción en la estatua muestra los símbolos: en la tercera fila a la izquierda que se refieren al nombre, título y posición de Imhotep.

Paralelismos entre Imhotep y José

• Imhotep es nombrado administrador por el faraón Djoser durante el periodo de siete años de hambre y los siete años de cosechas abundantes. José es nombrado administrador del faraón durante los siete años de abundancia y luego durante la hambruna. (Génesis 41:39) Imhotep fue administrador del gran palacio; José fue puesto por el faraón por padre sobre toda su casa. (Salmo 105:21)

• Imhotep fue ministro del Rey del bajo Egipto; En el caso de José, el faraón lo puso a gobernar sobre toda la tierra de Egipto. (Génesis 41:41)

• Imhotep no tenía sangre real sino que obtuvo su posición debido a sus habilidades y talentos. José era hebreo, de una nación distinta y no provenía de la realeza. Obtuvo su puesto por su habilidad y don de parte de Dios. (Génesis 41:12)

• Imhotep recibió el estatus de "consejero" de faraón. José recibió del faraón el estatus de "consejero". Generalmente el hijo biológico del faraón era quien se convertía en el consejero. (Génesis 41:39-40)

• Imhotep era sumo sacerdote en Heliópolis); José se casó con Asenat, hija de Potifera el sumo sacerdote de Heliópolis – y según la costumbre José proseguiría la posición de su suegro. (Génesis 41:45) Esta posición no era con respecto a un dios en particular sino más bien un título político de gran importancia. En esos tiempos, los egipcios no sobrepasaban los 50 años de vida, así que es muy probable que José fuera su sucesor, especialmente por tener el favor del faraón. Y aunque los egipcios eran idólatras, aun el faraón pudo reconocer el poder del Dios verdadero en José y de cómo se mantenía fiel a su Dios. (Génesis 41:39)

• Imhotep: constructor y arquitecto; José construyó ciudades de aprovisionamiento y graneros como los que se encuentran a los pies de la pirámide Sakkara. (Génesis 41:48)

• Imhotep era exaltado por el faraón Djoser como una divinidad; Faraón dijo de José: "este es un hombre donde el espíritu de Dios está". (Génesis 41:38/ Hechos 7:9)

• Imhotep fue conocido como un médico prominente; José tenía médicos bajo su autoridad (Génesis 50:2)

• Imhotep implementó el pago de impuestos pero no a los sacerdotes; José determinó el pago de impuestos menos a los sacerdotes. (Génesis 47:26)

• Imhotep murió a los 110 años; José muere a los 110 años. Génesis 50:26

Estatua de Imhotep sosteniendo un papiro sobre sus rodillas

Tanto José como Imhotep aparecen como los únicos en convertirse en "primeros ministros" en el antiguo Egipto. Existieron muchos sabios en Egipto pero la similitud entre Imhotep y José es asombrosa, especialmente después de que se descubrió una roca gigantesca en las faldas del Nilo que narra la historia de este hombre prominente.

La historia en la roca fue escrita un milenio después de que sucedieran estos acontecimientos y habla de siete años de abundancia seguidos por siete años de escasez. En la roca, la historia cuenta que el faraón Djoser estaba muy turbado debido a una gran hambruna y preguntándole a Imhotep que averiguara cual era el dios del Nilo, este contestó: "debo consultar al que preside y gobierna por sobre todo". La Biblia nos cuenta que José le respondió al faraón que no estaba en él la respuesta sino que Dios sería quien le daría una respuesta al faraón y le traería paz. (Génesis 41:16)

En la historia escrita en la roca, Imhotep es llamado "hijo de Ptah" un dios egipcio que era: "el creador de todas las cosas, incluyendo a los demás dioses". La narración prosigue diciendo que el faraón al dormir tuvo un sueño donde el dios del Nilo se le revela diciéndole que las aguas del Nilo se desbordarían y traerían siete años de abundancia después de los siete años de hambruna. A lo que el faraón le promete a "Khnum", dios del Nilo, que su gente apartaría el diez por ciento de todo, menos los sacerdotes del templo. La Biblia nos narra en el capítulo 47 que José le dice al faraón que aparte la quinta parte de todo, o sea el 20% de impuestos con excepción de la tierra de los sacerdotes.

Todos los acontecimientos bíblicos están aquí presentes, con ligeras alteraciones que muestran las opiniones egipcias para hacer calzar sus creencias. En los escritos egipcios antiguos Imhotep también aparece como un guía e interpretador de sueños. Según muchos el aparecía también en sus sueños y les sanaba. Era considerado un dios. A tal punto que en los tiempos greco-romanos, los enfermos dormían en el templo esperando a que se les apareciera en sueños y les revelara remedios para su enfermedad. (Britannica Concise Encyclopedia. Copyright © 1994-2008 Encyclopædia Britannica, Inc.)

Fotografías de estatuillas de Imhotep
(dominio publico)

Imhotep es reconocido como el constructor de la primera pirámide y quien comenzó a construir con piedra en lugar de ladrillo. Fue durante este tiempo que Egipto se convirtió en una potencia, especialmente después de los siete años de escasez donde recogieron muchos bienes de la gente que los intercambiaba por grano y alimentos.

Capítulo 2

Capítulo 2
El José del Génesis

"Pero se acordó Dios de Raquel, la oyó Dios y le concedió hijos. Concibió ella y dio a luz un hijo. Y exclamó: «Dios ha quitado mi afrenta»; y le puso por nombre José, diciendo: «Añádame Jehová otro hijo" Génesis 30:2-24

José fue un hijo muy deseado y esperado por sus padres. Su madre Raquel había sido estéril por muchos años, así que la llegada de José fue producto de un milagro. Este hijo fue, además, producto de una relación de amor. El primer hijo de la mujer que Jacob, su padre, amó. Jacob se enamoró de Raquel y trabajó siete años para poder estar con ella pero su suegro Labán le engañó y al final de los siete años le entregó a su otra hija llamada Lea. Así que Jacob, por el gran amor que le tenía a Raquel, trabajó otros siete años por ella. (Catorce años en total). Porque la amaba no sintió los años que sirvió por ella.

Hoy en día los jóvenes no están dispuestos a pagar un precio por la mujer con la cual se desposarán. No están dispuestos a esperar ni a invertir en una relación duradera.

Todo lo quieren "rápido", "instantáneo" y "apresuradamente". El sistema de noviazgo y de las citas que nuestra sociedad de hoy presenta no es más que un sistema pagano que entrena a los jóvenes hacia el fracaso matrimonial. El noviazgo no es la manera de Dios sino el sistema del mundo de conseguir pareja. El noviazgo condiciona a los jóvenes hacia el divorcio, e incluso hacia el adulterio. ¿Por qué? Porque cuando un joven comienza una relación de noviazgo, generalmente es con la idea en mente de "practicar" y "ensayar" hasta que se encuentre a la persona correcta. Aun dentro de la iglesia, esta práctica ha denigrado el principio bíblico del "compromiso". Hoy en día, cuando los jóvenes se hacen "novios", consideran las caricias y hasta las relaciones sexuales prematrimoniales como parte del sistema de noviazgo. Veámoslo de esta manera: Si la chica con la cual estás NO va a ser la persona con la cual vas a permanecer el resto de tus días, y ya la has besado, tocado e incluso conocido íntimamente, entonces ya estuviste con la futura "esposa" de alguien más. Es una manera por medio de la cual el enemigo te condiciona para el adulterio y el divorcio. La Biblia nos enseña que la intimidad física y emocional está destinada para ser disfrutada dentro de los parámetros del matrimonio.

Jacob esperó y trabajó siete años por la mujer que amaba, simplemente porque su amor no estaba basado en sentimientos ni emociones físicas.

Los jóvenes hoy en día no saben cómo ser amigos ni cómo desarrollar la amistad antes de convertirse en algo más. Nosotros como padres somos responsables de que nuestros hijos aprendan a valorarse y que comiencen a seguir los estándares y principios del reino de Dios con respecto a las relaciones interpersonales que conllevan al matrimonio. La Biblia enseña que debemos preparar a nuestros hijos varones a que dejen el nido familiar. A los hijos varones se les deja ir, y a las hijas se les entrega en casamiento. Al varón entrenamos para "marcharse" y "buscar" esposa. A la hija se la entrena en prepararse para ser "escogida" como esposa. A las hijas las "damos" en matrimonio a una cobertura igual o mejor que la que ya tienen en su casa. ¡Esta es la manera de Dios! La mujer no busca esposo, sino que es el varón quien busca esposa, y si la halla encuentra la benevolencia de Dios. *"El que encuentra esposa halla el bien, Y alcanza la benevolencia de Jehová." Proverbios 18:22*

Cuando dos jóvenes se sujetan a la autoridad divina y su motivación es agradar a Dios, entonces el Señor propiciará todas las circunstancias necesarias para que ambos se encuentren.

Jacob valoró muchísimo todos esos años de sacrifico y espera. Porque todo lo que cuesta se valora. Lo que no cuesta, se despilfarra y no se respeta.

Cortando la co-dependencia

"Cuando Raquel dio a luz a José, Jacob dijo a Labán: -- Déjame ir a mi lugar, a mi tierra." Génesis 30:25

Después del nacimiento de José, fue cuando Jacob decidió abandonar a su suegro y cortar el vínculo que había tenido con él por tantos años. Y es que este vínculo no era saludable para la familia. Ya era hora de que Jacob edificara su propia casa y tuviera su propia heredad. Labán estaba aprovechándose de él.

"porque poco tenías antes de mi venida, y has crecido en gran número; Jehová te ha bendecido con mi llegada. Y ahora, ¿cuándo trabajaré también para mi propia casa?" Génesis 30:30

Esta fue una familia problemática desde el principio. Los celos y las peleas entre las dos esposas de Jacob también hacían de esta una situación desagradable. Era necesario partir.

Es necesario desvincularnos y desatarnos de todo aquello que nos impida crecer. Hay momentos en la vida en que hay que tomar decisiones de cortar con relaciones improductivas y abusivas. La razón por la cual Jacob tardó tanto tiempo en tomar la decisión de marcharse y terminar con el abuso de su suegro es porque existía una codependencia entre ellos.

La codependencia es un patrón de comportamiento que hace que una relación se vuelva disfuncional. La persona es controlada o manipulada por otra, que a su vez busca excusas para evitar que el individuo a quien se está controlando se marche. *"Labán le respondió: --Halle yo ahora gracia en tus ojos, y quédate; he experimentado que Jehová me ha bendecido por tu causa. Y añadió:*

--Señálame tu salario y yo te lo pagaré." Génesis 30:27

La codependencia tiene una característica primordial y es la falta de identidad. Es muy común que en una relación, el co-dependiente no ponga límites y sencillamente todo lo perdone, a pesar de que la otra persona llegue a herirlo de manera deliberada.

"Así he estado veinte años en tu casa: catorce años te serví por tus dos hijas y seis años por tu ganado, y has cambiado mi salario diez veces." Génesis 31:41

En el caso de Jacob, el fue obediente al mandato de Dios de dejar a Labán. Tomó la decisión y lo hizo.

"Miraba también Jacob el semblante de Labán, y veía que no era para con él como había sido antes. Entonces Jehová dijo a Jacob: «Vuélvete a la tierra de tus padres, a tu parentela, y yo estaré contigo". Génesis 31:2-3

Si tú estás en una relación co-dependiente, donde existe un agresor o un abusador, Dios te dice que pongas un alto. Que busques tu propia identidad y que detengas el maltrato y abuso en tu vida para que no se extienda hacia tus hijos y tu heredad.

Jacob y José

José fue el primogénito de Jacob y Raquel y tenía mucha similitud con su padre. De hecho ambos nacieron después de que sus respectivas madres concibieran después de mucho tiempo de haber sido estériles. Los dos tuvieron sueños significativos que más adelante se cumplieron. Pero también, tanto José como su padre Jacob fueron odiados por sus hermanos.

Hay situaciones en nuestras vidas que pueden "heredarse" a nuestras próximas generaciones. Existen enfermedades que se heredan, como también existen situaciones que se transmiten y se repiten de generación en generación. Si no lidiamos con los asuntos de nuestro pasado, nos seguirán al presente. Dios puede romper todo poder del pasado sobre nosotros. Si se lo entregamos a Él.

En el caso de Jacob, el padre de José, el vivió en carne propia la rivalidad con su hermano. Una rivalidad que fue dándose debido al favoritismo que existía entre ellos por parte de sus padres. Jacob fue el favorito de su madre Rebeca. Ella propició muchas situaciones para que Jacob tomara ventaja sobre su hermano mayor Esaú. De modo que Jacob hizo del engaño un estilo de vida. Lo que pasa es que de la misma manera que Jacob engañó también fue engañado. Su suegro Labán no le dio la hija correcta en casamiento sino que lo engañó para que se casara con la equivocada, y le dio a Lea en lugar de a Raquel. Por lo que Jacob trabajó siete años más por la que el amaba.

Por lo tanto Jacob, cuando tuvo sus propios hijos, repitió el patrón que aprendió de sus padres: el favoritismo; creando entre sus hijos una atmósfera perfecta para la rivalidad, los celos y el odio entre hermanos. Podemos darnos cuenta de esta conducta de parte de Jacob en el capítulo 37, cuando le entrega a José una túnica de colores.

Como padres no debemos fortalecer la rivalidad ni

la competencia entre los hijos. Cada hijo tiene su propio don, talento y unción especial. Es menester que los padres impulsen en sus hijos lo mejor de sí mismos. Pero debemos premiar los actos de honestidad y bondad que ellos tengan. Debemos reconocer lo bueno que nuestros hijos hacen, pero no consentir todos sus caprichos.

"La vara y la corrección dan sabiduría, pero el muchacho consentido avergüenza a su madre" Proverbios 29:15

La familia y los hijos de Jacob

Habiendo salido Jacob de Betel hacia Efrata, sucedió algo terrible. Raquel tuvo un parto muy difícil y murió en el camino. Dio a luz al hermano de José a quien llamaron: Benjamín. Ahora José había quedado huérfano de madre. (Aunque algunos sostienen que Raquel murió después de que José fue llevado a Egipto, y que por eso en el sueño de José aparecían el sol y la luna representando a ambos padres)

Este suceso, más el hecho de haber tenido a José después de muchos años de espera, y en su vejez, hicieron que Jacob le sobreprotegiera y le amara con un amor muy profundo.

Luego Jacob habitó en la tierra de Canaán con el resto de su familia. Donde más adelante se suscitarían una serie de situaciones difíciles.

Los hijos de Jacob, eran 12 en total. Los hijos de Lea, Los hijos de la criada de Lea, los hijos de Raquel y los hijos de la criada de Raquel. En ese entonces las costumbres de estos pueblos permitían tener varias esposas y con-cubinas.

Los hijos de Jacob habían demostrado comporta-mientos inadecuados e inaceptables. Lo que hacía más difícil que su padre confiara en ellos. Siempre hemos creí-do que Jacob prefirió a José de manera deliberada, pero sin embargo, la manera de actuar tanto de José como de sus hermanos, contribuían a este favoritismo.

"Esta es la historia de la familia de Jacob: José tenía diecisiete años y apacentaba las ovejas con sus hermanos; el joven estaba con los hijos de Bilha y con los hijos de Zilpa, mujeres de su padre; e informaba José a su padre de la mala fama de ellos." Génesis 37:1

Rubén, Simeón, Levi, Judá, Isacar y Zebulón eran los hijos de Lea. Dan y Neftalí fueron hijos nacidos de Bilha (criada de Raquel). Gad y Aser fueron engendrados por Zilpa (criada de Lea). Y José y Benjamín eran los hijos menores nacidos de Raquel estando su padre ya anciano.

Se establece en los escritos rabínicos que Dan era considerado como la oveja negra de los hijos de Jacob y odiaba a José por llevarle reportes a su padre con respecto a su comportamiento y el de sus hermanos. Sentía odio porque José sólo le daba malos reportes a su padre de los hijos de Bilha y Zilpa. *(Enciplopedia Judia : por Emil G. Hirsch Eduard König Kaufmann Kohle)* Podríamos suponer que después de la muerte de Raquel, Bilha su sierva se hizo cargo de cuidar a José y a su hermano Benjamín.

De Benjamín, no se dice nada más. Con respecto a

Rubén, el mayor de todos, la Biblia narra una gran falta que cometió en contra de su padre. (Génesis 35:22) Simeón junto con su hermano Levi también cometieron un delito matando a espada a todos los varones de una ciudad por haber violado a su hermana Dina. (Génesis 34:25) Según literatura rabínica, fue Simeón quien dijo: "miren aquí viene el soñador" y según estos escritos fue Simeón quien lanzó a José en la cisterna. Judá fue el de la idea de venderlo en lugar de matarlo. Con respecto a Gad, y Aser, los hijos de Zilpa, e Isacar y Zabulón, los hijos menores de Lea, y no se dice mucho de ellos.

José, un muchacho diferente

José tenía una particularidad. Era un muchacho diferente. Desde muy joven se dedicó a agradar el corazón de su padre. Y aunque sus hermanos lo trataban mal y le herían, el era capaz de sobrepasar sus actitudes y agradar a su padre.

Algunos hijos se sienten celosos del amor especial que un padre puede demostrar a uno de los hermanos, pero muchas veces no es el padre quien prefiere a uno de sus hijos, sino que ese hijo ha decidido preferir a sus padres.

Esto se aplica en todos los campos. En la familia y en la iglesia. Muchos miembros de las iglesias creen que sus pastores prefieren a cierta familia o que le dan privilegios a ciertas "ovejas" más que a otras. Pero si analizamos a estos hermanos, de los cuales muchos sienten celos, nos daremos cuenta que siempre están disponibles cuando el pastor los necesita, son los primeros en llegar al lugar donde se les cita, mantienen una actitud positiva y su propósito principal es estar cerca de ese "padre" espiritual. Mientras que aquellos que les critican y sienten celos, se limitan solamente a "ver" todo lo que hacen pero no están dispuestos a esforzarse por realizar cambios ni convertirse en servidores. ¿No será que este hermano prefirió pasar más tiempo con su pastor que el resto de las ovejas de la congregación?

Hay hijos que desesperadamente quieren convertirse en los facilitadores de sus padres y esto les cuesta su relación con los demás hermanos. El problema es que nosotros los padres no sabemos cómo manejar la situación y en lugar de mejorarla, empeoramos todo.

El celo de los hermanos de José hacia su persona, provenía no porque José fuera un soñador solamente, sino porque José había decidido agradar a Jacob. José pasaba tiempo con su anciano padre. Es muy posible que Jacob le enseñara todo lo aprendido por su padre y abuelo. De esta manera fue que José creció convirtiéndose en un muchacho sabio y entendido. A los diecisiete años se unió a sus hermanos en la tarea de pastorear ovejas. Allí ayudaba a su padre manteniéndolo informado de las acciones de sus otros hermanos, no porque Jacob fuera un controlador sino que debido a las malas decisiones de sus hijos en el pasado, el debía estar enterado de lo que hacían. Recordemos que no fueron niñerías lo que los hermanos de José hicieron anteriormente. Había pecados terribles que los hijos de Jacob habían cometido: homicidio, adulterio, fornicación, etc.

Los hermanos de José le odiaban. Era una familia en discordia. Los pleitos entre hermanos suceden cuando los padres no le enseñan a sus hijos a honrarles. *"Honra a tu padre y a tu madre, para que tengas larga vida y para que te vaya bien".*

Jacob estaba cometiendo un error evidente como padre aquí. Favoreciendo a José y prestando poca o ninguna atención al resto de sus hijos, Jacob estaba propiciando el ambiente perfecto para una pelea.

Apliquemos esto al ámbito familiar: porque hoy en día tenemos muchos padres de familia que quieren darle a sus hijos TODO lo que ellos mismos no tuvieron cuando eran niños. Un día miré asombrado cómo un padre compraba un avión de juguete carísimo para su hijo de tres años, pero quien estaba jugando con el avión no era el niño sino el papá. Hay muchos que han tenido una niñez difícil, pero a pesar de todos los problemas y frustraciones eso les hizo fuertes. Pero llegó el día que tuvieron hijos y pensaron: "Voy a darle a mi hijo todo lo que yo no tuve". Ese es el mayor error que un padre de familia puede cometer. Si haces esto estás criando una pesadilla. Dios NO nos da todo lo que queremos, El nos da lo que necesitamos!

¿Quieres paz en tu casa? Comienza a trabajar arduamente en la disciplina de tus hijos.

Capítulo 3

Capítulo 3

Relaciones entre padres e hijos

"Israel amaba a José más que a todos sus hijos, porque lo había tenido en su vejez; y le hizo una túnica de diversos colores. Génesis 37:3

¿Qué tipo de padre eres tú?

Existe una gran lección en la historia de José que nos ayudará a todos. Muchos de los conflictos que se llevan a cabo en los hogares son propiciados por las malas decisiones hechas por los padres.

Si investigamos y analizamos cuidadosamente la vida de Jacob descubriremos varias situaciones que influenciaron en su carácter como padre. Desde su niñez, Jacob fue el favorecido de su madre. Esto seguramente por la promesa dada por Dios a Rebeca cuando estaba embarazada de sus hijos gemelos: Esaú y Jacob.

"*pero como los hijos luchaban dentro de ella, Rebeca*

pensó: «Si es así, ¿para qué vivo yo?» Y fue a consultar a Jehová; y Jehová le respondió: «Dos naciones hay en tu seno, dos pueblos divididos desde tus entrañas. Un pueblo será más fuerte que el otro pueblo, y el mayor servirá al menor». Cuando se cumplieron sus días para dar a luz, había gemelos en su vientre." Génesis 25:22-24

Es muy probable que Rebeca le haya transmitido a Jacob lo que Dios le había dicho aun antes de que este naciera. Indudablemente, Jacob sabía de esta promesa. Esto lo preparó para más adelante hacerse cargo de la primogenitura que le quitó a su hermano.

De la misma manera que Rebeca prefirió a Jacob, Jacob prefería a José. Una vez más, el favoritismo se hacía presente en esa familia.

Rasgos del carácter de Jacob también se manifestaban en la manera en que reaccionaba ante ciertos acontecimientos. Por ejemplo, ¿qué padre enviaría a su hijo menor (su favorito) a un lugar tan peligroso como Siquem?

De acuerdo con el Libro de Josué (21, 20), Siquem era una ciudad de refugio para los homicidas. También, debido a su ubicación, Siquem fue un centro comercial en la región, comercializando uvas, aceitunas y trigo.

En ese territorio ocurrió un trágico incidente mencionado en Génesis 34. Siquem, el hijo de Hamor, príncipe de aquella tierra, deshonró a Dina, la única hija de Jacob. Al analizar la reacción de Jacob, puedo darme cuenta de que algo no andaba muy bien. Leemos en Génesis 34:5 que *"Se enteró Jacob de que Siquem había deshonrado a*

Dina, su hija. Sus hijos estaban con su ganado en el campo, y calló Jacob hasta que ellos regresaran." ¿Qué clase de reacción es esta? ¿Respondería usted de la manera que Jacob lo hizo ante la noticia de que su hija ha sido violada? ¿No se hubiese molestado usted? Si alguien tocara a alguna de mis hijas, les aseguro que no me quedaría callado.

Por otro lado, miren la reacción de los hermanos de Dina: *"Los hijos de Jacob regresaron del campo cuando lo supieron; se entristecieron los hombres y se enojaron mucho, porque se había cometido una ofensa contra Israel al acostarse con la hija de Jacob, lo que no se debía haber hecho."* Los hijos de Jacob se entristecieron y se enojaron mucho. Esta reacción es una reacción normal ante un acto como este. Ahora, lo que sucedió después no tiene nombre. Los hermanos de José, sin consultar con su padre, fueron y mataron a todos los varones que había en la ciudad. Tomaron la ley en sus manos. Hubo una masacre en ese lugar!

Sin embargo, Jacob reaccionó preocupado no por la acción en sí, sino que pensó solamente en su propia reputación y en su propio bienestar: *"Me habéis puesto en un grave aprieto al hacerme odioso a los habitantes de esta tierra".* Jacob no reaccionó ante lo sucedido a su hija Dina, pero si reaccionó al sentir que su reputación estaba en peligro. Un padre amoroso y consciente, hubiese demostrado dolor e indignación ante la deshonra de su hija, no pensando en su propia reputación ni su fama, sino en el daño causado a su hija. Muchos padres actúan de esta manera egoísta y centralizada. Piensan en ellos mismos y no en el bienestar de sus hijos.

Jacob pareció olvidar todos los acontecimientos ocurridos en Siquem y allí envió a su hijo menor a traerle un reporte de sus hermanos, poniéndolo en grave peligro. Parecería que a Jacob le faltaba un poco de sabiduría como padre.

Esta falta de sabiduría se refleja también cuando Jacob le hace a José una túnica de colores, para distinguirlo de sus otros hermanos.

"*Al ver sus hermanos que su padre lo amaba más que a todos ellos, lo aborrecían*" Génesis 37:4 El verbo hebreo que es traducido como "amaba" en este pasaje, no se refiere a los sentimientos de Jacob hacia José. En el hebreo esta expresión significa realmente: "favorecer, preferir y escoger". Debería leerse: "*Al ver sus hermanos que su padre había escogido a José, lo aborrecían*".

Un padre sabio no propicia la competencia ni la envidia entre los hijos. Un padre sabio saca lo mejor de cada uno de ellos y les coloca en el lugar donde deben estar para desarrollar los dones y talentos que se les han sido dados. El error que Jacob cometió fue mostrar públicamente su preferencia por José, sin ninguna imparcialidad. Algo que me llama la atención de la manera de proceder de Jacob, es su falta de interés en sus otros hijos. En especial hacia sus hijos mayores. La relación de confianza, responsabilidad y solicitud entre Jacob y José era una relación que generalmente se espera entre el padre y el hijo mayor.

¿Por qué no le daba el lugar y el respeto de hijo mayor a Rubén? ¿Por qué a José, si él era el menor? ¿Qué sucedió para que Jacob desplazara su preferencia hacia José?

Derechos de hijo mayor

Según nuestros esquemas sociales, el hijo mayor es quien ejerce ciertas obligaciones y privilegios, pero Según el Rabino Joseph B. Soloveitchik este pensamiento surgió de la mentalidad Egipcia. En Egipto los hijos mayores tenían privilegios muy establecidos. Egipto era una sociedad gobernada por la primogenitura. El primogénito tenía el poder absoluto dentro de la unidad de familia. El faraón era el primogénito del primogénito del primogénito. Era por medio de sus derechos de nacimiento que ejercía su poder. El mayor gobernó a los hermanos más jóvenes. Por eso era que tener esclavos era tan importante para los egipcios. Los colocaba por encima de todos para controlar y dominar a las clases inferiores.

Sin embargo, en el judaísmo, según Soloveitchik, el hijo menor asume la responsabilidad que nosotros normalmente asociamos con la del hijo mayor.

Hay un tema que se repite en Génesis de preferir al hijo más joven sobre el mayor. Comienza con Abel sobre Caín. Es seguido con Isaac sobre Ismael y Jacob sobre Esaú. Jacob sigue este favor con José. Cuando Jacob cree que José está muerto, transfiere su amor a Benjamín, su duodécimo hijo y más tarde él favorece al hijo más joven de José: Efraín. Yo estoy seguro de que hay algo más detrás de todo esto. Una razón que descubriremos más adelante.

Según Emmanuel Rackman en su libro "Judaísmo e Igualdad", existe también en el judaísmo lo que se conoce como los derechos de hijo mayor. El primogénito tenía un rol especial, pero era una responsabilidad añadida y no un privilegio. Estos derechos eran establecidos de manera general. Sin embargo el nacer de primero no garantizaba la posición de primogenitura.

El linaje de los judíos es la antítesis del Faraón. En lugar de que primogénito tras primogénito tras primogénito heredara un legado, la herencia espiritual que llevamos es de aquellos que decidieron servir a Dios sin tener en cuenta el turno en que nacieron. Este es el significado de la declaración hecha por Dios de que somos Su primogénito. Esto me demuestra la clase de padre que puede ser Dios contigo. Que aunque el mundo te diga "no te lo mereces", o "no estás listo", "no tienes la habilidad", Dios te dice: "Tu me has escogido a mi por lo tanto yo te voy a ungir y te voy a poner por emblema de todos". ¡Qué maravilloso!

La Biblia dice que el primogénito tiene derecho a la doble porción, que constaba de dos partes de la herencia después que fue dividida entre el número de hijos, más una parte más. Después de todo, este hijo fue quien hizo de su padre un "papá" y por lo tanto el padre estaba en deuda con él.

"al primogénito se le dará el doble de las posesiones que le correspondan. Ese hijo es el primer fruto de su vigor, y a él le pertenece el derecho de primogenitura." Deuteronomio 21:17

El hijo mayor debía haber nacido antes que su padre hubiera muerto, ya que el "feto" no recibía privilegios como tal. Y si el hijo mayor, había nacido solo momentos antes que su hermano gemelo, tampoco podía reclamar doble porción, sino lo mismo que su hermano gemelo.

El hijo mayor pertenece al Señor, y una vez que nacía, el padre debía hacer redención por él y comprarlo de vuelta al sacerdote, pagando un precio no mayor de 5 siclos (Números 18:16). Esto es una costumbre judía hasta hoy llamada Pidyon HaBen. Solo los hijos primogénitos varones que hayan nacido de parto natural (no por cesárea) deben ser redimidos.

Se esperaba que el hijo mayor fuera el líder después que su padre muriera. También, el mayor era quien debía hacerse cargo de su madre hasta que esta muriera y proveer para sus hermanas hasta que se casaran. También podía vender sus derechos de primogenitura, como lo hizo Esaú (Génesis 25:29-34).

El hijo mayor tenía derecho a heredar la autoridad judicial del Padre (2 Crónicas 21:3). El primogénito del rey era su sucesor según la ley. Al hijo mayor le correspondían las funciones sacerdotales en la familia con la bendición paternal.

Ahora, volvamos al asunto de la túnica que Jacob

le dio a José. La túnica más especial era entregada al hijo mayor antes de casarse. Según esta tradición, Jacob hizo algo inaudito si no entendemos el trasfondo de la historia, ya que esta acción estaba reservada para el hijo mayor.

La túnica de colores

Kethoneth passim en Hebreo. Era un ropaje real. La palabra *passim* puede ser traducida como "colorido" (Radak; Septuagint), "bordado" (Ibn Ezra; Bachya; Ramban en Exodo 28:2), "con franjas" (Ibn Janach; Radak, *Sherashim*). Esto también puede denotar un ropaje largo, llegando hasta las palmas de las manos, y hasta los pies. También la palabra denota el material de lo que la túnica está hecha, lana o seda.   Por lo tanto, *kethoneth passim*, puede traducirse como "manto con mangas largas", "un manto que llega hasta los pies", "túnica ornamental", "manto de seda" o "manto de lana fino". Solo los que dirigían y administraban un cargo usaban túnicas con mangas, y no los criados ni los trabajadores.

Esta túnica, en realidad a quien debía pertenecer era al hijo mayor, al primogénito. El hijo del vigor del padre. Este hijo era Rubén. Y aunque hubiera nacido de la mujer que Jacob no amaba, este no podía quitarle este derecho.

"Si un hombre que tiene dos mujeres ama a una y a la otra no, y tanto la que ama como la otra le han dado hijos, y el hijo primogénito es de la mujer que no ama, en el

día que haga heredar a sus hijos lo que tenga, no podrá dar el derecho de primogenitura al hijo de la mujer que ama con preferencia al hijo de la mujer que no ama, que es el primogénito. Al hijo de la que no ama reconocerá como primogénito, para darle el doble de lo que corresponda a cada uno de los demás, porque él es el principio de su vigor, y suyo es el derecho de la primogenitura." Deuteronomio 21:15-17

El hijo que Jacob amaba era a José. Y José era el fruto del amor de su vida: Raquel. Pero Rubén fue su primogénito, hijo de Lea. Uno se preguntaría entonces ¿Por qué ese favoritismo tan obvio y tan marcado hacia José? ¿Fue acaso un favoritismo gratuito? Pues no. Había una razón para ello. Primero por ser el hijo de la mujer que él amaba, pero también porque José vivía para obedecer a su papá. José mantenía informado a su padre. Él era el hijo de confianza. Era el hijo que más le honraba. Ahora bien, a esto se añadió un evento importante que marcó el destino de Rubén, el hermano mayor.

Rubén cometió un grave delito en contra de su padre, conocido como incesto. Le deshonró acostándose con una de sus concubinas: Bilha.

"Aconteció que, cuando habitaba Israel en aquella tierra, Rubén fue y durmió con Bilha, la concubina de su padre; de esto se enteró Israel." Génesis 35:22

Esta acción le costó a Rubén su primogenitura. Su padre Jacob se la quitó.

"Rubén, tú eres mi primogénito, mi fortaleza y el principio de mi vigor; el primero en dignidad, el primero en

poder. Impetuoso como las aguas, ya no serás el primero, por cuanto subiste al lecho de tu padre; entonces te envileciste, al subir a mi lecho" Génesis 49:2-4

Por lo tanto, Jacob aprovechó esta situación para pasar los derechos de primogenitura a José.

Si leemos cuidadosamente Génesis 37:2 el texto original dice: *"estas son las generaciones de Jacob."* Uno piensa que la narración proseguirá con la mención de los hijos de Jacob, sin embargo solo menciona a José: "José, siendo de edad de diecisiete años, apacentaba las ovejas con sus hermanos". Esto indica que José era el heredero de Jacob.

"Bien que Judá llegó a ser el mayor sobre sus hermanos, y el príncipe de ellos; mas el derecho de primogenitura fue de José" 1 Crónicas 5:2

Continuando con el segundo verso de Génesis 37 generalmente traducido como *"guiaba a las ovejas con sus hermanos"*, encontramos un error de traducción. En el hebreo, el orden de las palabras dice: *"él guiaba a sus hermanos con las ovejas"*. Aquí está sugiriéndose que un muchacho de diecisiete años era el líder de sus hermanos mayores refiriéndose a ellos como ovejas.

Más adelante, cuando Jacob le entrega la túnica de colores, públicamente estaba mostrando sus intenciones de dejarle como heredero. La túnica señalaba a José como futura cabeza del clan por opción de Jacob — un honor normalmente otorgado sobre el hijo primogénito. Por esa razón, sus hermanos le odiaban. No solamente porque era un soñador, ni porque era el más amado, sino porque había un conflicto de interés entre todos los hermanos. Tal era el conflicto que no podían hablarle pacíficamente: *"Al ver sus hermanos que su padre lo amaba (o prefería) más que a todos ellos, lo aborrecían y no podían hablarle pacíficamente."* Génesis 37:4

El Principio de la NO-COMPLICIDAD

Seguramente sus hermanos le decían a José: "eres un chismoso, todo se lo cuentas a nuestro padre", y es probable que a José le doliera esa actitud. Pero José entendía perfectamente un principio Bíblico que aprendió desde chico. Ese principio debemos aplicarlo en nuestras casas, en los trabajos y con nuestros líderes. El principio de la NO COMPLICIDAD.

Si un hijo ve a su hermano cometer un pecado y este no es denunciado, ese hijo está siendo partícipe de ese pecado por encubrirlo y recibirá una porción de la paga por ese delito. La Biblia habla muchas veces con respecto a esto.

"y al que sabe hacer lo bueno, y no lo hace, **le es pecado.**" Santiago 4:17

"El cómplice del ladrón se aborrece a sí mismo, pues oye la maldición pero no le denuncia." Proverbios 29:24

"Reprenderás a tu prójimo, para que no participes de su pecado" Levítico 19:17

Mucho cuidado con esos que andan murmurando y con esos que se juntan con murmuradores. *"...pero...yo no digo nada, yo sólo los escucho!...*" con solo escucharlos y no comunicarlo a tu líder o a tu pastor, te has hecho partícipe de su pecado y tu también tendrás parte en la consecuencia. Comenzarán a suscitarse circunstancias en tu vida y comenzarás a preguntarte: "*¿Por qué me ha sobrevenido esto?*".

Ser el mejor amigo de alguien no es decirle lo bueno y solapar o guardar todo lo malo que hace. Amigo es aquel que te dice las cosas de frente y te confronta con tus errores y malas decisiones. "*El que bendice a su amigo en alta voz, madrugando de mañana, por maldición se le contará.*" *Proverbios 27:14*

Si estás viendo que tu hermano está cometiendo un error y ese error hiere el corazón de tu padre, tú también has herido a tu padre, a tu pastor y a tu líder.

José no encubría el pecado de sus hermanos. Lo peor que puede suceder es permitir que nuestros hijos se cubran los pecados los unos a los otros.

"*El que encubre sus pecados no prosperará; Mas el que los confiesa y se aparta alcanzará misericordia.*" *Proverbios 28:13*

No esperes recibir una túnica de colores si no eres fiel en lo que haces para tu autoridad. Sea un hijo irrespetuoso y tendrá hijos irrespetuosos. Es una ley. Lo que siembras, eso recoges.

Un padre no puede esperar obediencia de los hijos si no les entrena en la obediencia ni la disciplina. El niño pequeño es hermoso pero si no le ponemos reglas ni disciplina, los malcriamos y comenzamos a darle control a ese niño. Comenzaremos a tener problemas. Luego queremos corregir el curso del barco y ese barco ya está a la deriva.

Hay padres que equivocadamente premian a los hijos por sus malas decisiones y después los resultados son funestos. Esta sociedad les quitó autoridad a los padres y les dio el control a los hijos. Tenemos que enseñarles a nuestros hijos inteligencia con obediencia.

Cuando honras a tu autoridad, los sueños aparecen

En tiempos bíblicos, el padre era el proveedor de la familia; trabajaba en los campos o haciendo transacciones. Uno de sus deberes como padre era instruir a sus hijos en ese trabajo o en alguna profesión. Los muchachos seguirían a su padre a los campos o al taller y lo mirarían hacer su trabajo. Cuando el hijo crecía, ayudaba cada vez más, y perfeccionaba esa faena o profesión. Del mismo modo que una muchacha aprendía habilidades de la casa con su madre.

Según la literatura rabínica, Jacob y Esaú asistieron a la escuela hasta la edad de trece años. Después de eso Esaú se convirtió en cazador y Jacob continuó sus estudios bajo la tutela de varios maestros, y así fue como enseñó a José todo lo que sabía.

Podemos ver claramente que José era como el supervisor de sus hermanos, función que le correspondía al cabeza de hogar. Evidentemente su padre le estaba preparando para hacerse cargo de ese puesto.

La función de José era mantener informado a su padre de lo que hacían sus hermanos. El sabía que agradando el corazón de su progenitor, prosperaría. Jacob le transmitió a José la promesa y José la captó. Antes de que José comenzara a tener sueños, obedecía los principios que su padre le había enseñado.

Cuando agradas a tu autoridad, serás levantado, pero si te opones a ella, sufrirás. Si lo que hago agrada al padre, el me dará sueños. ¡Y esos sueños se cumplirán!

"Tuvo José un sueño y lo contó a sus hermanos, y ellos llegaron a aborrecerlo más todavía." Génesis 37:5 . Podemos ver más adelante en la historia como los hermanos intensificaron sentimientos que ya existían. El gran error que José cometió fue "contarle" a sus hermanos el sueño.   Era como echarle leña al fuego. José sabía que ellos no lo veían con agrado. ¿Por qué entonces contarles ese sueño?

Me llama mucho la atención, que José NO Interpretó sus sueños, sino que sus hermanos supieron el significado que tenían:

"Él les dijo: --Oíd ahora este sueño que he tenido: estábamos atando manojos en medio del campo, y mi manojo se levantaba y se quedaba derecho, y vuestros manojos estaban alrededor y se inclinaban ante el mío. Entonces le respondieron sus hermanos: --¿Reinarás tú sobre nosotros, o dominarás sobre nosotros? Y lo aborrecieron aún más a causa de sus sueños y sus palabras." Génesis 37:6-8

"Después tuvo otro sueño y lo contó a sus hermanos. Les dijo: --He tenido otro sueño. Soñé que el sol, la luna y once estrellas se inclinaban hacia mí. Y lo contó a su padre y a sus hermanos; su padre le reprendió, y le dijo: --¿Qué sueño es este que tuviste? ¿Acaso vendremos yo, tu madre y tus hermanos a postrarnos en tierra ante ti?" Génesis 37:9

Una y otra vez, José cometió el mismo error: provocar a sus hermanos a ira. Incluso su padre se enojó.

Esta fue la primera vez que Jacob reprendía a José. Sin embargo Jacob se enojó no por el sueño relacionado con los hermanos de José, sino porque lo involucraba a él. Una vez más, Jacob demostraba inconformidad cuando su reputación o su nombre estaban en juego. Esto se ve claramente en la manera que contestó: *"Acaso vendremos yo...tu madre, y tus hermanos"*.

Muchas veces tenemos sueños y metas y cometemos el error de contarlos a las personas equivocadas. No debemos compartir nuestras metas ni propósitos con aquellos que de por si no nos aman. La envidia aflorará y una atmosfera negativa comenzará a formarse, empañará nuestra visión, de tal manera que podría retrasar el cumplimiento de la misma.

"Sus hermanos le tenían envidia, pero su padre meditaba en esto" Génesis 37:11

Cuando José llegó con su sueño, sus hermanos se encendieron de enojo y envidia. La envidia y el enojo afloran cuando la gente sabe que tienes un sueño. No hay que envidiar la gloria que vemos en la vida de alguien, ya que no se conoce el proceso.   Dios no te va a dar cosas sin que tú hagas algo primero.   No renuncies a tu sueño. Comienza a hacer lo posible, y Dios hará lo imposible. Dios llamó a José a realeza. Le dio un sueño donde le indicaba la gloria que iba a tener. Sin embargo, casi nunca se nos muestra el proceso ni la trayectoria que debemos pasar para lograr ese sueño. También nuestros sueños, visiones,

propósitos y metas suelen servir de combustible para encender la ira, la contienda y la envidia. Debemos ser sabios.   No desperdiciemos nuestras perlas echándoselas a los cerdos, no sea que nos las pisoteen.

Capítulo 4

Capítulo 4
Honrando la paternidad

Autoridad bajo autoridad

Toda autoridad debe estar bajo autoridad. Todo buen líder, es un buen seguidor. La esposa debe sujetarse a su propio marido y el marido debe sujetarse a su autoridad espiritual y juntos se someten a Dios.

Cuando los padres son sujetos, los hijos se sujetan. Cuando una esposa desacredita a su marido delante de sus hijos, está trayendo problemas y consecuencias graves a su familia.

Una autoridad que no se sujeta esta peligrando su propia "cabeza". Lo que usted haga a su autoridad, sus hijos (naturales y espirituales) se lo harán a usted. Enséñeles obediencia a sus hijos. La obediencia se aprende. ¡La sujeción se decide! Debemos enseñarles a nuestros hijos que la plataforma para que sus sueños se realicen es el honrarnos como padres.

No se puede soñar sin respetar autoridad. Lo que hace que mi sueño se realice es mi honra a la autoridad.

"*Y viendo sus hermanos que su padre lo amaba más que a todos sus hermanos, le aborrecían, y no podían hablarle pacíficamente.*" Génesis 37:4

Los hermanos de José no podían hablarle pacíficamente. Pero aun así, José no se fue de su casa ni deshonró a su padre, sino que fueron sus propios hermanos quienes lo apartaron de él. José tenía razones válidas para quejarse contra su padre. Cualquiera en su lugar quizás hubiera decidido marcharse a otro sitio o simplemente actuar deliberadamente en contra de sus hermanos.

"*Un día, sus hermanos fueron a apacentar las ovejas de su padre en Siquem. Y dijo Israel a José: Tus hermanos apacientan las ovejas en Siquem: ven, y te enviaré a ellos. Y él respondió: Heme aquí. E Israel le dijo: Ve ahora, mira cómo están tus hermanos y cómo están las ovejas, y tráeme la respuesta. Y lo envió del valle de Hebrón, y llegó a Siquem.*" Génesis 37: 13-14

La respuesta inmediata de José fue: "Heme aquí". José demostró obediencia inmediata. Recordemos que la obediencia se aprende. José aprendió bien. Nuestro deber como padres es enseñar y entrenar a nuestros hijos en la obediencia.

Si a usted no le agrada la manera que sus hijos le contestan, comience a quitar privilegios. Usted no puede premiar las malas acciones, ni los actos temporales. Dios no premia cambios instantáneos. Si, por ejemplo, usted trae los diezmos y ofrendas una vez pero el resto del año no lo hizo, no espere que la bendición fluya en su vida.

Debe de ser un estilo de vida.

José estaba a la disposición de Jacob...siempre. Para cuando él lo necesitara. José iba a espiar y a traer un reporte. El no fue porque quiso ir, sino porque su padre lo envió. Muchos quieren dar malos reportes de los demás, pero no han sido enviados. La clave es ser enviado. Tu autoridad es quien te envía y te ordena. No nosotros mismos. Ya existen muchos "espías y delatores" en el cuerpo de Cristo, pero que no actúan bajo autoridad sino como producto del rencor y el resentimiento. Lo hacen porque sienten placer al hacerlo. No lo hacen con un objetivo definido, sino que simplemente por buscar un lugar y un favor. Si ese eres tú, ¡detente! Asegúrate de que estás obedeciendo un mandato y que tu autoridad es quién te ha enviado.

José era diligente. Aunque su padre no era perfecto ni ejemplar, José lo honraba y obedecía. La Biblia dice: *"Hijos, obedeced en el Señor a vuestros padres, porque esto es justo.«Honra a tu padre y a tu madre» --que es el primer mandamiento con promesa--, para que te vaya bien y seas de larga vida sobre la tierra." Efesios 6:1-3*
"Corona de los viejos son los nietos y honra de los hijos son sus padres" Proverbios 17:6
Este principio se aplica con respecto a nuestros padres terrenales y a nuestros padres espirituales. Muchos mueren antes de tiempo y no les va bien porque no honran a sus padres ni les obedecen. También muchos ministerios mueren antes de tiempo o no les va bien porque no

honran a sus padres espirituales.

Hoy en día nadie quiere dar cuentas a nadie. Muchos ministerios andan por ahí, como llaneros solitarios. Son ministerios sin afirmación, ni planificación ni envío. Si tú tienes un ministerio y deseas que tu ministerio fructifique y no sea abortado, cumple con estos seis pasos:

1- Primero debes asegurarte que tienes un llamado de parte Dios (definido y específico) 1 Corintios 1:26-27/ Efesios 1:18/ Efesios 4:1

2- Debes buscar una cobertura espiritual y sujetarte a ella Hebreos 13:17/ Tito 3:1/ Hechos 7:38-39/

3- Luego debes buscar la "aprobación" del cuerpo de Cristo, bajo tu cobertura espiritual. Porque cuando Dios llama y califica a alguien para el ministerio, se hace evidente tanto para dicha persona como para el resto de la iglesia. Deberás cumplir con los requerimientos que Dios puso en 1 de Timoteo 3:1-16 y Tito 1: 6-11 si buscas servir en un ministerio. Hechos 14:23/ Tito 1:5/

4- Debes tener la bendición de tu cobertura para realizar dicho ministerio. Es el deber de los ancianos de la iglesia, junto con la congregación, reconocer y aceptar la vocación y llamado que Dios le ha hecho a un miembro.

Después de esto, una ceremonia formal o servicio de ordenación es apropiada, aunque de ningún modo obligatoria. La ceremonia de ordenación en sí misma no confiere ningún poder especial; simplemente da el reconocimiento público de la escogencia de servir a Dios. De hecho la palabra "ordenación" como tal, y su concepto, no aparece en el texto griego del Nuevo Testamento. Sin embargo, existen dos palabras griegas usadas por el apóstol Pablo: Kathistemi καθίστημι y Jeirotoneo χειροτονέω. La primera palabra la encontramos en Hechos 6:3 / Hechos 7:10 / Tito 1:5 / Hebreos 5:1. Significa: establecer, poner y colocar. No significa ordenar, en términos clericales. Aunque en algunas traducciones aparece, no es la correcta.

La segunda palabra χειροτονέω significa: extender la mano para emitir un voto. Es la acción de elegir a alguien levantando la mano. Es cuando muchos reconocen los dones y llamado sobre una persona. ¿Han reconocido muchos tu ministerio y te identifican como tal?

5- Debes ser equipado para la obra del ministerio. Es por eso que Dios puso los 5 ministerios principales. Lee Efesios 3:12 Por cierto, ministerio o διακονία diaconía simplemente se refiere a: servicio.

6- Por último debes ser "enviado" por tu cobertura, manteniendo relación ministerial y honra paternal hacia la misma. El hecho de que seas enviado no quiere decir que ya no le das cuentas a nadie. Lee Romanos 10:15/ Mateo 10:5/ Hechos 8:14/

Puedo ver varios gestos y movimientos de cabeza: *"oh no.... Pero yo le doy cuentas solo a Dios"*. Si haces esto estás violando el principio de la honra y el principio de paternidad. Todos necesitamos una voz objetiva, que desde afuera pueda ver lo que nosotros no podemos, y que sea capaz de hacérnoslo saber de una manera sabia y sutil.

Dios escoge a hombres santos y ungidos para cumplir con el papel de padres espirituales. No con el fin de recibir un pago por lo que hacen, ni ejercer dominio o control. El propósito del padre espiritual es ofrecer guía, respaldo, protección. Hoy en día existen muchos que se llaman apóstoles, y desean el título de padres espirituales, pero es un título que ellos mismos se han colocado y no hay ningún fruto que les distinga como tales.

"Pero vosotros no pretendáis que os llamen "Rabí", porque uno es vuestro Maestro, el Cristo, y todos vosotros sois hermanos. Y no llaméis padre vuestro a nadie en la tierra, porque uno es vuestro Padre, el que está en los cielos. Ni seáis llamados maestros, porque uno es vuestro Maestro, el Cristo." Mateo 23:8-10

Uno mismo no se da ningún título. El árbol se conoce por sus frutos. Hay árboles buenos y arboles malos. Existen hijos y padres irresponsables. ¡No seas tú uno de ellos!

El rol de los hijos

Hay un problema en esta sociedad que ha tergiversado el papel de los hijos y de los padres. Hoy en día se nos dice que nosotros debemos hacerles la vida más fácil a nuestros hijos, cuando en realidad los hijos se nos han sido dados para hacernos la vida más fácil a nosotros los padres y para continuar con el llamado, propósito y misión que se nos ha sido encomendada.

Los hijos son los que deben honrar, respetar y cuidar a sus padres. Ese es el mandamiento divino, aunque los padres por naturaleza recompensan a sus hijos. Sin embargo, no podemos premiar a un hijo por sus malas acciones. La naturaleza de los jóvenes de hoy es egoísta. Tienen falta de valores y principios.

No trate de enderezar el árbol cuando la torcedura está muy pronunciada. Comience cuando el árbol está verde. Quíteles a los hijos los privilegios y verá como muchos de ellos vuelven en sí.

Dios actúa de la misma manera. Si no obedecemos y cumplimos sus mandamientos, no habrá un galardón ni una corona para nosotros. Hacemos buenas obras y agradamos a nuestro Padre Celestial NO para ser salvos ni para ganarnos el cielo. Porque no es por obras para que nadie se gloríe. Nosotros hacemos buenas obras PORQUE SOMOS SALVOS, y NO PARA SER SALVOS.

Si no somos fieles a Dios, el no concederá los deseos de nuestro corazón. Por más que ayunemos, oremos y hagamos buenas obras, si no somos obedientes a Dios ni le honramos, El no nos bendecirá.

Hijos parásitos

Muchos de nosotros crecimos con padres que eran muy autoritarios y controladores, y eso no está bien. Pero en su afán por no repetir la historia, muchos han optado por ir al otro extremo, y hoy en día sus hijos ni siquiera cumplen con lo mínimo ni lo básico.

En muchos hogares, los hijos ni siquiera ayudan con los deberes de la casa. Mantienen un desorden en sus habitaciones, pasan viendo televisión por horas, no obedecen, sacan calificaciones mediocres y solo viven para gastar lo que a sus padres les cuesta tanto trabajo obtener. No hacen el mínimo esfuerzo por aportar a la casa, sino que más bien desean recibir un pago por su vagabundería.

La generación de hoy ya no dice: *buenos días*, ni *buenas tardes*, ni *con permiso*, mucho menos: *si Señor ni si Señora*. ¿Dónde quedaron los buenos modales? La palabra de Dios nos dice que las malas conversaciones corrompen las buenas costumbres. 1 Corintios 15:33. Las malas compañías alteran y deforman los principios morales y los buenos hábitos. Una mala influencia echa a perder a un joven. "Dime con quién andas y te diré quien eres".

Hoy en día muchos muchachos se han convertido en parásitos, viviendo muy cómodamente de lo que sus padres puedan darles. Y más adelante se convertirán en sujetos vividores del sistema y del gobierno. Son los que en un futuro no trabajarán sino que vivirán de un cheque del gobierno o del dinero de alguien más.

Usted es quien paga la casa, la luz, el teléfono, el cable, el internet. Pero ¿quiénes lo usan? Muchas veces los padres son los que menos disfrutan de todo lo que trabajan. Pero la culpa de esto la tienen los propios padres, porque no pusieron en práctica una disciplina sana en sus hogares. ¿Qué clase de generación estamos criando?

Por ejemplo: no es posible que un joven gaste $300 en un par de zapatos tenis o en ropa que no necesita, y a Dios jamás le ha dado ni $10 en la ofrenda. ¿Cómo es posible que haya padres que le permitan a un hijo ahorrar para comprar sus caprichos, pero a la casa de Dios nunca han traído nada? Estamos tan preocupados en hacer dinero, y ocupados en pagar las cuentas que tenemos nuestras casas en un desorden terrible.

Pero, según nosotros, ¡todo está bien! Y cuando esos jóvenes crecen, entonces ahí sí, venimos al altar para que Dios nos los arregle.

En tiempos Bíblicos antiguos un padre podía dar muerte a sus hijos por desobedecerles, pero en la legislación Mosaica, el padre refería el caso a los ancianos (Deuteronomio 21:18-21). Y aquellos hijos culpables de desobediencia, glotonería o alcoholismo eran apedreados.

Con esto no quiero decir que el castigo físico esté correcto, ni mucho menos. Pero es menester aprender la disciplina efectiva que es posible y alcanzable.

Un castigo no enseña una conducta. Solo la suprime y elimina. Pero no enseña ni entrena. Ahora, es muy diferente un castigo que una exhortación. Cuando exhorte a sus hijos recuérdeles las consecuencias de sus malas acciones. Recuérdeles el principio de la honra y la sujeción.

Cuando hay temor de Dios, hay honra y respeto para los padres, pero el temor de Dios se ha perdido en nuestras congregaciones. El índice de fornicación, adulterio, divorcio, hábitos y vicios se ha incrementado increíblemente en el cuerpo de Cristo. ¿Hasta cuándo vamos a seguir permitiendo esto? El Señor no va a venir aun, aunque así lo creamos, porque El viene por una iglesia pura y sin mancha. Hay consecuencias terribles para quien hace del pecado un estilo de vida. Tener temor de Dios es hacer lo que a Él le agrada y dejar de hacer aquello que le desagrada. Debemos hacer las cosas no por miedo, sino por convicción.

Capítulo 5

Capítulo 5
¿Qué tipo de hijo era José?

Águilas, buitres y Cuervos

La palabra de Dios nos compara con las águilas. Pero muchos tienen un criadero de zopilotes y cuervos en sus casas. Como dice el refrán: "Cría cuervos y te sacarán los ojos"

"pero los que esperan a Jehová tendrán nuevas fuerzas; levantarán alas como las águilas; correrán, y no se cansarán; caminarán, y no se fatigarán." Isaías 40:31

Los aguiluchos dejan el nido tan pronto les salen las alas y su cola está completamente cubierta de plumas. Cuando hay un macho y una hembra en el nido, el macho debe volar primero. Podemos aplicar esto de manera muy positiva a la crianza de nuestros hijos. Es necesario preparar a los hijos para dejar el nido. Según la palabra de Dios, a las hijas se les da en casamiento, y a los hijos se les entrena para dejar el nido y construir el suyo propio.

"Como un águila que despierta su nidada, que revolotea sobre sus polluelos, extendió sus alas y los tomó, los

llevó sobre su plumaje." Deuteronomio 32:11

La madre águila revolotea alrededor del nido creando gran conmoción hasta que finalmente uno de los aguiluchos cae del nido. Como nunca ha usado sus alas, las mueve rápidamente tratando de volar y justo antes de que caiga al suelo la madre se coloca debajo de él y lo ataja sobre sus alas, llevándole de vuelta al nido. *"cómo os tomé sobre alas de águila y os he traído a mí" Éxodo 19:4* Esto lo hace la madre vez tras vez hasta que aprenda a volar. Mientras el aguilucho aprende, todavía es dependiente de sus padres por la comida. Las águilas adultas les llevan comida a los aguiluchos, que para ese momento se encuentran en una rama cercana, hasta que se marchen completamente. Más adelante, el joven aguilucho encuentra pareja y después de un año de estar juntos comienzan a tener familia. El macho ayuda en la incubación de los huevos (generalmente de 1 a tres) y trayéndole comida a la madre. Ambas águilas adultas comparten la responsabilidad de la paternidad. Una vez que encuentran pareja, las águilas no se separan sino que viven juntas para toda la vida hasta que una de ellas muere.

El estilo de vida de águila está reservado solo para los que quieren llevar vida de águila. Las águilas no comen basura, como los zopilotes. Las águilas vuelan en las alturas. El águila, vuela con águilas. Las águilas no vuelan como las otras aves, ellas no agitan sus alas, sino que se elevan y "planean".

Los buitres o zopilotes vuelan siempre muy bajo.

¿Qué tipo de hijo era José?

Andan en agrupaciones, en busca de cosas muertas. Buscan entre la basura y comen de ella. Los buitres cambian de pareja cada año y no construyen nidos. La defensa primordial de los buitres es el vómito. Cuando se sienten amenazados vomitan a su adversario para lastimarle la cara o los ojos y luego se dan a la fuga. Estos animales vuelan en círculos para ganar altitud. Los buitres poseen una visión muy pobre en la oscuridad y pueden digerir la carne en cualquier etapa de decaimiento, o sea en estado de putrefacción y resisten enfermedades que matarían a cualquier otra criatura.

Hay jóvenes que actúan como buitres. Andan en agrupaciones buscando aceptación y un grupo de pertenencia. Buscan entre la basura y les agrada el desorden. Al igual que el buitre, muchos jóvenes "vomitan" queja, disgustos e intimidaciones, y luego se dan a la fuga ante cualquier amenaza de corrección o disciplina. Estos jóvenes terminan dando vueltas en círculo sin llegar a ninguna parte. No terminan lo que comienzan y parece que no aprenden la lección, pues se ven sumidos en el mismo estadio o circunstancia una y otra vez. De la misma manera que actúan los buitres, estos jóvenes no están interesados en una relación estable y no desean construir un hogar. Muchos de ellos destruyen el hogar con sus propias acciones. Cuando las cosas se ponen difíciles y oscuras, carecen de visión, perspectiva y meta. Se alimentan de cualquier basura que miran en la TV o que escuchan en la radio. Crean resistencia al arrepentimiento y su estilo de vida no parece malo delante de sus propios ojos ni de su manera de pensar.

Existe otra ave que me gustaría presentarles. El cuervo. Todas las especies en esta familia son muy agresivas. En la naturaleza, los cuervos viven de 6 a 7 años. En el cautiverio alcanzan 20 años. Son atraídos por los vertederos de basura y tienen una preferencia conocida por los melones y el maíz. El hábito en los agricultores de colocar un espantapájaros en sus campos se debió al daño incesante del cuervo y la basura dejada en el campo. Los cuervos son territoriales y son defensores ávidos del mismo. Tienen una tremenda capacidad adaptativa y son muy inteligentes. Se ha observado que los cuervos son capaces de fingir y engañarse entre sí para obtener o proteger su alimento. En Japón los cuervos han desarrollado la capacidad de romper nueces dejándolas caer sobre la calle para que las atropellen los coches. Han aprendido también a observar los semáforos para recoger los pedazos de nueces dispersas. Se les conoce como parásitos por su graznido estentóreo constante, su tendencia a molestar los campos de los agricultores, y su juego dañoso. Tienen muy mala reputación.

Joshua Klein (un experto en tecnología) ha experimentado con cuervos por más de diez años y dice que son animales demasiado inteligentes que averiguan el funcionamiento de máquinas y herramientas. Si se les entrenara en algo provechoso no causarían tanto problema.

Algunos jóvenes no hacen nada productivo con su

tiempo ni con su vida. Al igual que los cuervos, muchos de estos jóvenes fingen comportamientos con tal de salirse con la suya y obtener lo que desean. Por eso es importantísimo que los padres entrenen a sus hijos desde pequeños para convertirse en seres humanos útiles a la sociedad y al medio ambiente que les rodea.

¿Son tus hijos generación de águilas, buitres o cuervos? ¿Son jóvenes líderes, o siguen siempre a alguien más y se dejan influenciar fácilmente? Cuando el águila no es efectiva y está cansada va a la peña y se quita sus plumajes y se quiebra el pico. El águila sabe cuándo debe retirarse y restaurarse. *"El que sacia de bien tu boca de modo que te rejuvenezcas como el águila"* Salmos 103:5

El águila es el mejor ejemplo de paternidad y de fidelidad. Dios te compara con el águila. El desea que actúes como el líder espiritual que debes ser. Hay padres de familia que viven para sus hijos y sus hijos gobiernan sus casas. No hay honra, no hay sujeción y no hay respeto. Todo alrededor es un reflejo de cómo llevan sus vidas. Sus cuartos, sus calificaciones, sus amistades. Si hay desorden adentro, habrá desorden por fuera.

Muchos jóvenes y también adultos se disfrazan de águila los domingos pero son zopilotes toda la semana.

¡Debemos hacer cambios!

¿A quién tienes en tu casa?

Si deseamos obtener una generación mejor que la

nuestra debemos hacer cambios. ¿A quién tienes en tu casa a José o a uno de sus once hermanos?

Un hombre le encontró a José errante y le preguntó: ¿Qué buscas? A lo que José respondió: -Busco a mis hermanos; te ruego que me muestres dónde están apacentando --respondió José. --Ya se han ido de aquí; pero yo les oí decir: "Vamos a Dotán" --dijo el hombre. Entonces José fue tras sus hermanos y los halló en Dotán. Génesis 37: 15-17

Notemos que José no se dio una vueltecita ni se devolvió a su casa, sino que continuó su camino hacia Dotán para cumplir con su cometido. El hombre le dijo a José que los había escuchado decir que iban para Dotán. José pudo haber decidido devolverse a su padre y decirle: *"oí decir que se fueron para Dotán"*... pero no, José decidió ir hasta Dotán a buscar a sus hermanos y cerciorarse de que estaban allí. Un siervo diligente no regresa con un reporte incompleto. Hay quienes están esperando cualquier excusa para no terminar la tarea que les han dado a hacer ni quieren caminar la extra milla para terminar con su misión. José debió desviarse muchas millas para poder dar con sus hermanos.

El padre había enviado a José a Siquem para ver cómo estaban sus hermanos. Había una instrucción específica. La instrucción era ir a SIQUEM.

"Y dijo Israel a José: Tus hermanos apacientan las ovejas en Siquem: ven, y te enviaré a ellos." Génesis 37:13

Muchos padres tienen problemas de comunicación en sus casas y no obtienen los resultados esperados.

Dan una instrucción pero la transmiten erróneamente, porque no es una orden específica. Otros, su problema es que aunque dan la orden, no tienen la fuerza ni la disposición para mantenerla, y cuando usted "quiebra" una regla y no se cumple, se ha abolido. Por eso los hijos hacen lo que sea para que usted quebrante sus propias reglas. Por ejemplo: si usted le dice a un hijo que la hora de llegada es a las 10:00 pm y el llegó a las 10:05 pm y usted le dice "por esta vez te dejo entrar", la próxima vez llegará más tarde. El asunto no es sólo poner reglas, sino tener el tiempo para poder cumplirlas y mantenerlas. Nuestros padres tenían una prioridad: "nosotros" y sacaban el tiempo necesario para ver lo que hacíamos. Se nos metían en todo. Hay padres que no tienen tiempo ni para ver que hacen sus hijos en su propia casa y estamos viviendo con un Esaú en lugar de un Jacob. Esaú vendió su primogenitura por un plato de lentejas.

El hijo que avergüenza a su padre y madre acarrea maldición, pero el que provoca orgullo para sus padres será recompensado. Hay que entender la cobertura que tenemos. La cobertura es una sombrilla gigante. Cuando el enemigo tire piedras esa sombrilla fuerte atajará los embates del enemigo.

Si tú joven o jovencita, dices que vas a estar en un lugar y te vas para otro, la cobertura ni la protección te alcanzarán. No hay excusa para no comunicar hacia dónde vas. Comunícales siempre a tus padres dónde vas a estar.

El orgullo puede llevarte a la ruina pero también te llevará a la destrucción. El hijo debe darle respeto y honra a sus padres. "Si le dije a mi padre que voy para Siquem y me voy para Dotán, la maldición me alcanzará."

Siquem y Dotán

Según el historiador Josefo, Siquem estaba situada en Manasés; localizada en un valle entre el Monte Ebal y el Monte Gerizim, a 34 millas (54 kilómetros) al norte de Jerusalén y 7 millas (10.5 kilómetros) al sureste de Samaria.

Fue en Siquem que Abraham construyó un altar al Señor cuando se le apareció. Fue en Siquem que Jacob construyó otro altar y cavó un pozo, aumentando la fuente de suministro de agua local para dar de beber a las manadas de ganado que él había traído de Padan-Aram. En Siquem Jacob había comprado un terreno para José cuando su hermano Benjamín aun no había nacido Gen 3:19; 48:21,22. Esto muestra que la familia de Jacob tenía mucha afinidad por esta zona.

Siquem era el lugar asignado: *"Iremos a Siquem y apacentaremos las ovejas"*, pero a los hermanos de José se les ocurrió irse para Dotán.

Dotán quiere decir: dos pozos. Este fue el pueblo de Eliseo, el siervo del profeta Elías. Era un lugar al norte de Palestina, unas 12 millas al norte de Samaria. Este lugar proveía excelentes pastos y muy buena tierra para desarrollo agropecuario. Por lo menos uno de los pozos estaba en funcionamiento, ya que los hijos de Jacob decidieron llevar a sus animales hasta allá.

Lo que ocurrió en Dotán era importante histórica y teológicamente. Dios comenzaba a cumplir Su promesa a Abraham, que Él haría de sus descendientes una gran nación. Esta secuencia de acontecimientos en Dotán culminó con la ida de José a Egipto, y más tarde la ida de su padre Jacob y todos sus hermanos.

¿Dónde tuvieron la idea los hermanos de José de matarle? En Dotán. ¿Y por qué en Dotán? ¿Por qué cuando vieron de lejos a José planearon matarle? Porque ellos sabían que habían quebrantado lo que le habían dicho a su padre. José era el único que sabía donde ellos estaban e iba a ir donde el padre con la información. Los hijos de Jacob no querían rendirle cuentas a su progenitor. Ambicionaban hacer lo que querían e irse donde más les placiera.

Existen hijos como estos, que no saben obedecer ni deciden sujetarse. Hay hijos que no quieren dar cuentas ni que les pongan reglas. Quieren gobernarse solos y poner sus propias normas.

Dios es un Dios de procedimientos y de reglas. Dios no es un Dios desordenado.

¿Es el amor de Dios verdaderamente incondicional?

El amor de Dios es inmerecido, sin falla y unilateral

Pero todos tenemos la idea errónea de que el amor de Dios es incondicional, y eso no es lo que enseña la Biblia.

Jesús vez tras vez utilizó la partícula condicional *si*, antes de una frase para enseñarnos lo que El espera de nosotros. En Juan 8:31 leemos: *"Dijo entonces Jesús a los judíos que habían creído en él: --Si vosotros permanecéis en mi palabra, seréis verdaderamente mis discípulos;"*

"Si no os arrepentís, todos pereceréis igualmente" Lucas 13:3.

La partícula "si", aparece 1,595 veces en toda la Biblia, de las cuales 254 veces se refiere a condiciones puestas por Dios al hombre con el fin de alcanzar benevolencia y bendición. Miremos algunos ejemplos:

*"**Si** oyeres atentamente la voz de Jehová tu Dios, e hicieres lo recto delante de sus ojos, y dieres oído a sus mandamientos, y guardares todos sus estatutos, ninguna enfermedad de las que envié a los egipcios te enviaré a ti; porque yo soy Jehová tu sanador." Éxodo 15: 26*

*"**si** diereis oído a mi voz, y guardareis mi pacto, vosotros seréis mi especial tesoro sobre todos los pueblos; porque mía es toda la tierra." Éxodo 19:5*

*"**Si** no oyereis, y **si** no decidís de corazón dar gloria a mi nombre, ha dicho Jehová de los ejércitos, enviaré maldición sobre vosotros, y maldeciré vuestras bendiciones; y aun las he maldecido, porque no os habéis decidido de corazón." Malaquías 2:2*

*"**si** no os volvéis y os hacéis como niños, no entraréis en el reino de los cielos" Mateo 18:3*

*"**Si** alguno quiere venir en pos de mí, niéguese a sí mismo, y tome su cruz, y sígame." Marcos 8:34*

*"**si** vosotros no perdonáis, tampoco vuestro Padre que está en los cielos os perdonará vuestras ofensas." Marcos 11:26*

*"**Si** alguno viene a mí, y no aborrece a su padre, y madre, y mujer, e hijos, y hermanos, y hermanas, y aun también su propia vida, no puede ser mi discípulo." Lucas 14:26*

¿Qué tipo de hijo era José?

En Juan 14: 21-23 leemos: *"El que tiene mis mandamientos y los guarda, ese es el que me ama; y el que me ama será amado por mi Padre, y yo lo amaré y me manifestaré a él. Le dijo Judas (no el Iscariote): --Señor, ¿cómo es que te manifestarás a nosotros y no al mundo? Respondió Jesús y le dijo: --El que me ama, mi palabra guardará; y mi Padre lo amará, y vendremos a él y haremos morada con él."*

La verdadera demostración de amor hacia nuestro padre celestial es la OBEDIENCIA. En Deuteronomio 28 también leemos: *"Acontecerá que si oyes atentamente la voz de Jehová, tu Dios, para guardar y poner por obra todos sus mandamientos que yo te prescribo hoy, vendrán sobre ti y te alcanzarán todas estas bendiciones..."*

Las promesas de Dios SON CONDICIONALES, y debemos cumplir sus estatutos y obedecerlos para poder obtenerlas.

Si el amor de Dios fuera INCONDICIONAL, ese amor NO permitiría que nadie fuera enviado al infierno. Ni leeríamos en la Biblia que "la paga del pecado es la muerte". Significaría que TODOS vamos al cielo sin importar lo que creemos, ni lo que somos, ni lo que hemos hecho. Y eso no lo enseña la palabra de Dios.

Dios ama lo que el mundo no amaría, y restaura lo que el mundo daría por perdido. Pero El dice: *"Porque el Señor al que ama, disciplina, Y azota a todo el que recibe por hijo"* Hebreos 12:6. Los hijos de Dios son solo aquellos que han recibido a Jesús. Todos somos criaturas de Dios pero no todos somos hijos. *"Mas a todos los que le recibieron, a los que creen en su nombre, les dio potestad de ser hechos hijos de Dios;" Juan 1:12*

Dios nos enseña cómo ser padres. El es el modelo. Un modelo de perfección, misericordia y bondad, pero también un ejemplo de rectitud y justicia.

¿Cómo establecer un procedimiento para que nuestros hijos lo sigan?

José no fue mayor que sus hermanos en Egipto, sino que fue mayor que sus hermanos desde el momento que decidió honrar a su padre. El reinado y la mano de Dios sobre José ya estaban establecidos.

La mentalidad de muchos padres, les está llevando a destrucción. Si un padre aborta el proceso de formación en su hijo, y no le permite desarrollarse y hacerse fuerte, jamás llegará al lugar que Dios destinó para él.

Ya vimos que Dios es un Dios condicional. Usted como padre, también debe poner condiciones. Usted no puede honrar a un hijo que no cumple normas ni procedimientos en la casa. No puede honrar a un hijo que no se sujeta.

No importa si son sus propios hijos o si son hijos que vienen de otro matrimonio anterior o son de distinto padre, o si son mayores de edad; mientras vivan en su casa deben cumplir las reglas y procedimientos allí establecidos. Si tiene un hijo en la casa que no quiere seguir las reglas de ambos padres, usted está trayendo división al hogar. La autoridad la tienen ambos padres, es un equipo.

Y usted jamás debe permitir que un hijo ponga desunión o propicie peleas entre la autoridad, porque eso le llevará a la ruina.

El sistema de reglas y procedimientos existe en todos los países y sociedades. Usted no puede venir a los Estados Unidos, quedarse a vivir aquí creyendo que puede manejar su auto con la misma licencia de conducir de hace 10 años que obtuvo en su país de origen. ¡No! Usted vino a este país y debe sujetarse a las nuevas reglas de este país.

Usted puede ser un médico eminente en su país de origen, pero si no está acreditado como un médico en los Estados Unidos no puede ejercer su profesión.

Nosotros somos ciudadanos del reino de los cielos y por lo tanto debemos regirnos y cumplir las reglas de ese reino. Que por cierto son más estrictas que cualquier gobierno en la tierra.

El sistema de reglas en el hogar debe ser puesto por ambos padres. Para esto los dos deben PONERSE DE ACUERDO. Esto es primordial. Si sus hijos ven que ustedes no están de acuerdo, no se sujetarán. Los hijos deben amar el lugar donde viven, porque viven bajo el techo que los padres proveen y disfrutan de los beneficios de estar allí; es menester que aprendan a valorarlo.

Capítulo 6

Capítulo 6
Un complot para matar a José

"Entonces José fue tras sus hermanos y los halló en Dotán. Cuando ellos lo vieron de lejos, antes que llegara cerca de ellos conspiraron contra él para matarlo. Se dijeron el uno al otro: ¡Ahí viene el soñador! Ahora pues, venid, matémoslo y echémoslo en una cisterna, y diremos: "Alguna mala bestia lo devoró". Veremos entonces qué será de sus sueños." Génesis 37:20

Los hermanos de José lo odiaban porque veían la parcialidad con la que su padre le favorecía. Pero también lo odiaban porque José tenía sueños. Pero no era cualquier sueño. José tenía sueños con significados proféticos. Sus sueños encerraban también restauración y prosperidad. El vocablo hebreo CHALAM de donde se deriva la palabra sueño tiene implícitas las siguientes cualidades: profecía, salud, fuerza, vitalidad y prosperidad. Todas estas cosas causaban un efecto adverso en sus hermanos.

"Ahí viene el soñador" se dijeron los unos a los otros y conspiraron contra él, actuando astutamente.

Cuando una persona tiene sueños, metas y llamado de Dios, crea una atmósfera de "túnica de colores". La unción y la presencia de Dios se hacen presentes. Pero esta misma unción crea un efecto adverso en aquellos que no tienen sueños ni metas, y su primera reacción es "matar" los sueños.

Pero uno de los hermanos, Rubén dijo: *"No derraméis sangre; echadlo en esta cisterna que está en el desierto, pero no le pongáis las manos encima."* ¿Por qué Rubén, si tuvo la osadía de enfrentarse a sus hermanos e impedir que lo mataran, no tuvo la misma valentía para detener toda la acción? ¿Acaso no era Rubén el hermano mayor? ¿No tenía acaso autoridad para demandarles a los hermanos que cambiaran de parecer en todo lo que iban a hacer? Aparentemente NO.

Investigando la vida de Rubén descubrimos una gran falta que le costó el descrédito y la pérdida de su influencia en medio de sus parientes.

En Génesis 35:22 leemos: *"Aconteció que, cuando habitaba Israel en aquella tierra, Rubén fue y durmió con Bilha, la concubina de su padre; de esto se enteró Israel."* Rubén perdió su autoridad moral, su influencia y respeto debido a este grande pecado. El pecado nos resta autoridad y destruye nuestra auto-estima. El pecado te hace perder la identidad y perder tus derechos. Esto fue lo que sucedió con Rubén. Sus derechos de hijo mayor le fueron quitados como castigo de esta acción.

Aunque Rubén salvó de la muerte a su hermano José, no tuvo la fuerza ni la influencia suficiente para cambiar el rumbo de los acontecimientos.

Un complot para matar a José

"Sucedió, pues, que cuando llegó José junto a sus hermanos, ellos quitaron a José su túnica --la túnica de colores que llevaba puesta--, lo agarraron y lo echaron en la cisterna; pero la cisterna estaba vacía, no había en ella agua." Génesis 37:23-24

Cuando los hermanos de José lo tuvieron cerca, le quitaron la túnica de colores y lo echaron en una cisterna vacía.

Lo primero que el enemigo hace es tratar de dañar tu cobertura, tu unción y tu llamado. El enemigo utilizará personas cercanas a ti para destruir la "túnica de colores" que tu Padre Celestial ha hecho para ti. Su propósito es dejarte desprotegido, sin reconocimiento ni distinción. Sin la túnica era imposible distinguirle entre un esclavo y uno de los hijos de Jacob.

La cisterna Vacía

La cisterna era un pozo seco. No había agua en ella. La lengua hebrea distingue entre dos clases de pozos: "be'er," un hueco artificialmente construido para recolectar agua de un manantial o agua subterránea "y Bor," una cisterna en la cual el agua de lluvia era almacenada.

Las cisternas vacías en ese tiempo también eran usadas como prisiones o calabozos.

La primera prisión que experimentó José fue esta cisterna vacía. Esa prisión era una prisión de muerte. El propósito de sus hermanos era matar a José. La Biblia no nos dice que José insultó a sus verdugos, ni que lloró ni gritó maldiciones. Es probable que José se hubiera guardado su frustración y su dolor para sí mismo.

Si él se hubiera puesto a gritar o agredir verbalmente a sus hermanos, pienso que ellos hubieran adelantado su muerte. ¿Cuál es tu reacción en medio de la tribulación? ¿Te desesperas, gritas, lloras y ofendes? Tu reacción inmediata será la que determine tu destino.   José sabía, de alguna manera, que Dios tornaría todo esto para su bien, como el mismo lo diría en el capítulo 50, como veremos más adelante: *"Vosotros pensasteis hacerme mal, pero Dios lo encaminó a bien."*

"tu Dios, cambió la maldición en bendición, porque Jehová, tu Dios, te amaba." Deuteronomio 23:5

Romanos 8:28 nos dice: *"Sabemos, además, que a los que aman a Dios, todas las cosas los ayudan a bien, esto es, a los que conforme a su propósito son llamados."* La clave del versículo está en la segunda parte que dice: *"a los que conforme a Su propósito son llamados."*

Muchos de nosotros necesitaremos la experiencia de la cisterna vacía, para meditar en nuestro llamado y propósito de Dios. Quizás hoy estás atravesando una situación adversa y te ves en una cisterna vacía, abandonado por todos. Recuerda la actitud de José. Recuerda tus sueños, recuerda tu propósito, recuerda las promesas de Dios a tu vida. José sabía que sus sueños debían realizarse y que su tiempo aun no había llegado. Piensa que la cisterna es una etapa de tu vida que será temporal. No estarás allí para siempre. Cobra ánimo, que Dios tornará todo lo malo en bendición, si le amas a Él y has sido llamado conforme a Su propósito.

Saliendo de la Cisterna

"*Luego se sentaron a comer. En esto, al alzar la vista, vieron una compañía de ismaelitas que venía de Galaad, con camellos cargados de aromas, bálsamo y mirra, que llevaban a Egipto. Entonces Judá dijo a sus hermanos: --¿Qué vamos a ganar con matar a nuestro hermano y ocultar su muerte? Venid y vendámoslo a los ismaelitas; pero no le pongamos las manos encima, porque es nuestro hermano, nuestra propia carne. Y sus hermanos convinieron con él.*" *Génesis 37:25-28*

La etapa de la cisterna es pasajera. Es una etapa de crisis donde la situación te coloca frente a dos caminos: o sales de la cisterna o te mueres. No hay un término medio. Las crisis reflejan nuestra debilidad y nuestra fortaleza. ¡Te asustarás al descubrir cuán fuerte eres! No conocerás tu propia fortaleza emocional y física hasta que venga a tu vida una crisis o una tribulación. Confía en Dios, El te librará en medio de la crisis y la tribulación.

"*El justo es librado de la tribulación, pero su lugar lo ocupa el malvado.*" Proverbios 11:8

José, no se desesperó. No comenzó a gritar ofensas ni amenazas en contra de sus hermanos, aunque sí les rogaba por su vida (Génesis 42:21) Dios tenía todo bajo control. Mientras los hermanos comían, quizás maquinando cómo matarle, unos mercaderes ismaelitas se aproximaban. Entonces Judá, otro de sus hermanos, fue quien tuvo la idea de venderle. El tampoco tuvo la fuerza de carácter ni la influencia suficiente para detener toda la situación. Sus hermanos tenían actitudes frías y malvadas. ¿Quién puede comer sabiendo que su hermano menor está a punto de morir en una cisterna? Solamente una mente calculadora y fría.

José, una sombra de Jesucristo

"Cuando pasaban los mercaderes madianitas, sacaron ellos a José de la cisterna, lo trajeron arriba y lo vendieron a los ismaelitas por veinte piezas de plata. Y estos se llevaron a José a Egipto." Génesis 37:28

El Dr. Achtemeier, Paul J., Th.D., nos dice en el Harper's Bible Dictionary, (San Francisco: Harper and Row, Publishers, Inc.) 1985, lo siguiente: *"El término Ismaelitas era sinónimo con el término Madianita, ya que ambos se usaban para llamar indistintamente a dos grupos, en primer lugar a los descendientes de Abraham a través de Ismael, el hijo mayor de Abraham de la esclava Hagar" (Ver Génesis 16). Y en segundo lugar los descendientes de Midiam, otro hijo de Abraham, pero nacido de su concubina Cetura. (Ver Génesis 25:1-2)*

Fueron los madianitas quienes sacaron a José de la cisterna. No fueron sus hermanos. Ellos ni siquiera se esforzaron por sacarle de la cisterna, pero si se apresuraron en recibir las veinte piezas de plata.

Este episodio nos recuerda a nuestro Señor Jesús. De hecho José era "una sombra" o un "indicio" de lo que el mesías iba a sufrir. Ambos eran los escogidos del Padre. Ambos odiados por sus hermanos. Los mismos judíos conspiraron contra Jesús para matarle. Jesús fue entregado por su amigo. Se llamaba Judas. (Mateo 26:50) José fue entregado a los medianitas por idea de su hermano Judá. Ambos, José y Jesús fueron vendidos por piezas de plata. Tanto a José como a Jesús se les arrebató su túnica. Sobre la túnica de Jesús los soldados hicieron suertes, y con la túnica de José sus hermanos la tiñeron de sangre para fingir su muerte. En los dos casos, se conspiró contra ellos con mentiras. Jesús y José fueron llevados a Egipto para evitar que fueran asesinados. (Mateo 2:13)

Dios permitió todo esto en la vida de José, para ponerlo como "sombra" de lo que iba a ocurrir.

"Todo esto es sombra de lo que ha de venir..." Colosenses 2:17 Una sombra es una imagen producida por un objeto en representación de la forma de aquel objeto. Un bosquejo o diseño de algo que está por venir.

Una nota interesante:
El nombre del padre terrenal de Jesús era José.
El nombre del acusador principal de Jesús fue José ben Caifás.
El nombre del hombre que sepultó a Jesús era José de Arimatea

Cuando los madianitas sacaron a José de la cisterna, ya no llevaba su túnica que le cubría. En escritos rabínicos leí que varios rabinos explican que un ángel de Dios vino y cubrió a José con una túnica especial que representaba la presencia de Dios. Según estos escritos José vistió las mismas vestiduras en la casa de Potifar, la prisión y más tarde cuando se convirtió en el vicario de Egipto. (Enciclopedia Judaica Jellinek, "B. H." v. 157, vi. 120)

No importa si otros tratan de robar o abortar tu sueño. El manto de Dios estará sobre tu vida aunque no sea visible. Ese manto es la unción de Dios, que te hace diferente de los demás.

El conocimiento abre puertas

Los madianitas se dieron cuenta de que José no era un simple esclavo, sino que era entendido de muchas cosas y utilizaba muchas áreas de conocimiento, por lo que lo vendieron a los Ismaelitas y de ahí lo llevaron a casa de Potifar, el egipcio.

"Cuando pasaban los mercaderes madianitas, sacaron ellos a José de la cisterna, lo trajeron arriba y lo vendieron a los ismaelitas por veinte piezas de plata. Y estos se llevaron a José a Egipto." Génesis 37:28

Según la historia egipcia, Imhotep era un sabio, entendido de muchos idiomas y ciencias. Imhotep demuestra todas las características de José. Por esa razón los ismaelitas no lo vendieron a cualquier casa, sino a la casa de un sacerdote egipcio, llamado: Potifar. El conocimiento fue un regalo que le fue dado a José y este lo aprovechó al máximo.

"El presente (don) del hombre le ensancha el camino, Y le lleva delante de los grandes" Proverbios 18.

José era inteligente. Era un joven que invertía bien su tiempo. Instruido por su padre, era muy probable que José hubiera seguido sus estudios además de ser pastor de ovejas.

Hoy en día los jóvenes quieren todo sin pagar un precio. Lo único que desean poner en su cerebro son los jueguitos inútiles de computadora y música sin sentido que no dará frutos. José no perdía su tiempo en cosas vanas como sus hermanos. Por eso se deshicieron de él.

La cobardía de los hermanos de José

Rubén no se puso triste por la desaparición de su hermano menor. Lo que realmente le preocupaba era lo que le pasaría a él cuando su padre se diera cuenta de lo sucedido. Así actúan algunos, pensando primero en ellos mismos, sin importar en la seguridad de los demás.

"Después Rubén volvió a la cisterna y, al no hallar dentro a José, rasgó sus vestidos. Luego volvió a sus hermanos y dijo: --El joven no aparece; y yo, ¿adónde iré yo?"

Los hermanos de José, además de ser viles, frívolos y malvados, eran cobardes. A pesar de actuar como matones se escondían detrás de sus acciones y no se enfrentaban a dar la cara. Así actúan los matones y los peleoneros. Intimidan a los más chicos, los amedrentan, hieren y golpean, pero luego no dan la cara. Generalmente quienes tienen este tipo de conducta no se sienten amados, ni deseados y son muy inseguros. Hacen sentir mal a otros para sentirse ellos bien. A menudo, se sienten bien al principio y luego se sienten culpables y avergonzados, pero justifican su acción pensando que la persona merecía ser tratada así.

"Entonces tomaron ellos la túnica de José, degollaron un cabrito del rebaño y tiñeron la túnica con la sangre. Enviaron la túnica de colores a su padre, con este mensaje: «Esto hemos hallado; reconoce ahora si es o no la túnica de tu hijo". Génesis 37:31-32

Notemos como los hermanos de José enviaron la túnica a su padre. No la llevaron ellos mismos. Ninguno tuvo las agallas para presentarse delante de la autoridad y rendirle cuentas.

"Cuando él la reconoció, dijo: «Es la túnica de mi hijo; alguna mala bestia lo devoró; José ha sido despedazado». Entonces Jacob rasgó sus vestidos, se puso ropa áspera sobre su cintura y guardó luto por su hijo durante muchos días." Génesis 37: 33-34

Realmente Jacob no conocía a sus hijos. De la misma manera que él había engañado a su padre, sus propios hijos le engañaron a él. Eso nos muestra que esta vida es como una rueda. Lo que pongamos arriba, nos caerá encima al dar la vuelta. Lo que hayamos plantado, eso cosecharemos.

Capítulo 7

Capítulo 7
La casa de Potifar

A José no lo vendieron a cualquier casa, sino que lo vendieron al oficial de la guardia que también era sacerdote.

Los ismaelitas que llevaron a José a casa de Potifar sabían que tenían un tesoro en sus manos y que podían obtener mucho dinero con él.

Si José en lugar de hablar y demostrar su conocimiento, hubiera pasado llorando y quejándose, lo hubieran eliminado. Pero José era un esclavo con precio de oro. No nació para servir en cualquier casa, nació para servir en la mejor casa. Cuando Potifar lo vio, José se puso a la disposición de su amo. Y le serviría de la manera que servía a su padre.

Muchos recalcan que José era un esclavo que costó sólo 20 siclos de plata (Génesis 37: 28) pero José no era un esclavo ordinario; En Génesis 37 nos dice que su padre Jacob tenía otros proyectos para él, haciéndole capataz de sus hermanos mayores. Para ejercer este oficio era necesario que José aprendiera matemáticas, además de la escritura. Si no fuera así, ¿cómo es posible que un jovencito de diecisiete años fuera el administrador de la casa del Capitán de la guardia de los Faraones? Esta era una posición muy importante para un esclavo, sin olvidar que la casa de Potifar era una casa muy distinguida. Veinte siclos de plata habrían sido el precio apropiado para un hombre joven culto en esa época, cuando la educación siempre exigía un precio más alto.

Para poder hacerse cargo de la administración de la casa de Potifar, era necesario que José supiera lectura, matemáticas y administración. También es posible que le fuera requerido aprender asistencia médica básica o primeros auxilios para atender a los otros esclavos.

Hay quienes no invierten su tiempo en cosas que valen la pena, pero critican a los demás por los talentos y dones que tienen. Envidian la unción pero no pagan un precio por ella.

José tenía toda la justificación para estar deprimido, derrotado y en queja pero ni siquiera perdió tiempo en demostrar sus emociones ni heridas. Simplemente no dejó que sus resentimientos se convirtieran en amargura. Por supuesto que se sentía resentido, dolido, herido, pero su meta y su sueño lo mantuvieron enfocado.

José llegó a la casa de Potifar no porque quiso sino porque su propia sangre lo vendió.

La persona que se queja de su condición aborta el plan de Dios para su vida. José no se quejaba aunque había sido vendido como esclavo. Muchos adquieren mentalidad de esclavo por las situaciones de la vida: *"soy lo que soy por* que *el sistema me lo da*" y reciben lo que el gobierno les puede dar. El esclavo piensa que depende de alguien más para surgir. Pero José entendió que la casa de Potifar era un asunto temporal. Era parte del proceso, pero no era la meta. José entendió que ese lugar era circunstancial y que debía dar lo mejor mientras estuviera allí. Dios a veces te posiciona en un lugar donde quizás no deseas estar, pero te lleva a un lugar donde puedes crecer. José NO nació esclavo. Y a pesar de que lo vendieron como uno, José sabía que no era esclavo. La esclavitud no llegó a su corazón. La realeza de José era en él un estilo de vida.

La persona de Potifar

En el registro de los nombres privados de los Archivos Antiguos de Egipto por James Breasted, se encuentra el nombre Ptahwer. Ptahwer estaba al servicio del Faraón Amenemhet III de la Duodécima Dinastía del Reino Medio. Ya que hay sólo un Ptahwer en los documentos históricos, que vivió en el tiempo indicado por la Biblia, es muy probable que el Potifar bíblico sea el Ptahwer histórico.

En los días de Amenemhet III hubo en Egipto una hambruna por muchos años. De este período existe un documento, que dice:

"Coleccioné maíz como amigo del dios de la cosecha. Estuve vigilante en el momento de la siembra. Y cuando el hambre se incrementó durando muchos años, distribuí el maíz a la ciudad cada año que duró el hambre."
Brugsch-Bey, Henry, `Egypt Under The Pharaohs', 2nd edition, 1881, p. 304; See also Jacques Vandier, `La Famine Dans L'Egypt Ancienne', Cairo, 1936;
(Comparemos con la Biblia en Génesis 41:54):
"Y comenzaron á venir los siete años del hambre, como había dicho: y hubo hambre en todos los países, mas en toda la tierra de Egipto había pan."
Pareciera que el Faraón que vivió la hambruna de los siete años era el sucesor del Faraón en cuyos días comenzó la carrera de José. Potifar, quién vivió bajo Amenemhet III, probablemente vivió también bajo su sucesor.

La inscripción que trata con Ptahwer menciona a un hombre cuyo nombre, según Breasted es transliterado como: Y-t-w. Entre los monumentos del reinado de Amenemhet III, este Y-t-w es uno de los administradores honrado junto con otras dos personas, y, según la narrativa Bíblica José fue designado como administrador del Estado de Egipto. Tanto Y-t-w como Imhotep y José, parecen ser la misma persona.

La casa de Potifar

La casa de Potifar simboliza la gracia de Dios. Dios no tenía como meta la esclavitud para José. Quería el propósito pleno y total en él. Sus hermanos siempre lo pusieron en posición de esclavo, pero José aprendió a tocar el corazón de su padre y por eso obtuvo una túnica de colores. ¿Cómo hallar gracia delante de mi patrón y delante de mis superiores? Cuando hago prosperar lo que mi "jefe" o mi "patrón" tiene.

En la casa de Potifar había excelencia y confiabilidad, porque José estaba allí y Jehová estaba con él. ¿Cómo está tu casa? ¿Refleja tu casa la presencia de Dios?

¿Cómo puede un esclavo ser próspero?

Génesis 39:2 *"Jehová estaba con José y fue varón próspero....estaba en la casa de su amo el egipcio"*

José fue sacado de la cisterna y llevado a la casa de Potifar. Allí fue puesto como siervo. En casa de Potifar José aprendió a agradar el corazón de su amo. Sin embargo, no pasó mucho tiempo hasta que Potifar lo puso a cargo de todo. ¿Podría poner usted todo lo que tuviera en manos de un sirviente? ¿Por qué Potifar puso todo en manos de un esclavo?

"Vio su amo que Jehová estaba con él, que Jehová lo hacía prosperar en todas sus empresas. Así halló José gracia a sus ojos, y lo servía; lo hizo mayordomo de su casa y entregó en su poder todo lo que tenía. Desde el momento en que le dio el encargo de su casa y de todo lo que tenía, Jehová bendijo la casa del egipcio a causa de José, y la bendición de Jehová estaba sobre todo lo que tenía, tanto en la casa como en el campo."

José estaba allí, y por eso Dios bendijo la casa del egipcio. De la misma manera que Dios prosperó la casa de Labán por causa de Jacob.

¿Qué clase de cristiano eres tú? ¿Prospera Jehová lo que está en tu mano? ¿Eres un trabajador confiable o eres mediocre y no cumples a cabalidad lo que te piden? Todos tenemos un jefe terrenal y un jefe celestial. Cuando le decimos a Dios "Señor, yo trabajo para ti y voy a ser el mejor de tus trabajadores" le estamos entregando el señorío completo a Dios.

Sigue siendo mediocre en lo que haces y seguirás recogiendo mediocridad.

Hay quienes dicen: "es que Dios no me bendice" pero sus acciones reflejan el por qué de esa falta de éxito. ¿Eres confiable? ¿Terminas lo que empiezas? ¿Eres un trabajador excelente en lo que haces? Si no llevamos la excelencia de Dios a nuestras casas, no estamos entendiendo la unción derramada en nosotros. Si no somos excelentes en nuestro actuar, es que no somos buenos administradores de lo que Dios nos da. Queremos cosas y beneficios sin pagar un precio para ello.

Existen personas que están en un lugar con el propósito de recibir beneficios pero no se ponen a la orden de los demás como un canal de bendición ni como facilitadores. Cuando tenemos esa actitud, Dios no bendice ni multiplica lo que está en nuestras manos. Esto sería vivir en casa de Potifar con mentalidad de esclavo.

José halló gracia y Potifar lo puso como mayordomo de su casa. Le entregó todo lo que tenía menos a su esposa y no se preocupaba por nada sino por el pan que comía. Tenía seguras sus posesiones en José.

José fue un esclavo hecho mayordomo. ¿Qué tan confiable eres tú para que alguien ponga en ti lo que posee? ¿Puedes hacerlo multiplicarse? ¿Qué unción traes? Dios nos ha dado autoridad para prosperar el camino por el cual andamos.

Por lo tanto:

1- Se debe demostrar que el sello de Dios está sobre nosotros. Si la presencia de Dios no está en nosotros, seremos uno más del montón. ¡Necesitamos la Presencia de Dios!

2- Debe de haber una evidencia. La evidencia es que en todo lo que hagamos, Dios lo prospere. Dios no prospera mediocre ni vago ni interesado. Dios prospera la constancia. SU AMO VIO... QUE JEHOVA ESTABA CON JOSE. ¡Necesitamos la prosperidad de Dios como evidencia!

3- Si tenemos la gracia de Dios nos convertimos en servidores y por ese servicio llegamos a ser recompensados. José fue puesto como mayordomo en la casa de Potifar. Necesitamos la gracia de Dios y SERVIR si queremos que Potifar nos entregue sus posesiones.

El servicio

Hay cosas que influencian tu manera de servir. Hay gente que no se prepara para servir bien. Si usted está en el reino de Dios es un siervo y DEBE SERVIR. Cosas en el pasado pueden influir en ese servicio. El problema es que muchos solo tienen excusas para no hacer lo que deben hacer.

O eres un José o un Jonás. O produces bendición o eres el causante de la ruina de los demás.

José todavía no estaba en el lugar de sus sueños, pero servía como si fuera su lugar de destino final. Lo mismo hizo cuando cayó en la cárcel y luego cuando llegó a casa de Faraón.

Conviértete en un facilitador del proceso de Dios en la vida de los demás y no en un estorbo.

Obstáculos en el camino

"La mujer de su amo puso los ojos en José". La unción atrae. Nos convertimos en un imán debido a la unción de Dios en nosotros. Así como muchos envidiarán nuestra unción, otros se sentirán atraídos. La unción atrae moscas y parásitos. Tenemos que enseñar esto a nuestros hijos para que pongan límites. José sabía de sus límites.

Es muy probable que Jacob le haya contado a José su historia en casa de Labán y de cómo se enamoró de su madre Raquel. Cuando uno se enamora, pierde la noción correcta de las cosas y hace cosas increíbles para ganar el afecto de ese amor. Por eso Jacob duró tanto tiempo esclavizado a Labán. Sin ser esclavo, Labán lo controlaba y Jacob se desarrollaba con mentalidad de esclavo. Por el contrario José, siendo esclavo nunca se vio a sí mismo como

uno. Y aprendió por la experiencia de su padre a no ena-
morarse, para no cometer errores.

José tenía mentalidad de Rey, siendo aun esclavo.
Cuando tenemos mentalidad de Reyes nos gozamos cuando los demás prosperan por nuestra mano. Eso nos da la
responsabilidad de ser un mejor modelo para los demás.

" y era José de hermoso semblante y bella presencia"

Si no demostramos al Cristo que vive en nosotros,
de nada nos vale llamarnos. cristianos. Si no reflejamos
presencia ni hermosura de parte de Dios, es porque estamos reflejando algo más. Somos muy hipócritas y andamos con una careta que cubre nuestros pecados y debili-
dades. Tener hermoso semblante y bella presencia quiere
decir que reflejamos al Dios poderoso que está en nosotros. El corazón alegre hermosea el rostro. Usted no depende de alguien más para ser feliz. La felicidad es un estado mental que empieza con nuestro estado espiritual.

Usted necesita de Cristo para ser feliz.

José tenía toda la razón para estar deprimido y triste, pero siempre andaba con hermoso semblante y bella
presencia aunque tuviera razones de peso para llorar.
Sabía que Dios no le había llamado a ser esclavo y que estaba en esa casa temporalmente. Sus hermanos lo separa-
ron del amor de su padre, lo vendieron, y terminó como
un esclavo, pero eso no afectó su corazón. Todo empieza
en el corazón. Si uno es feliz, se le nota. Hay mucha gente

que se ahoga en un vaso de agua y hace una tormenta por lo más pequeño e insignificante. Siempre habrán áreas que nos afligirán pero nuestro enfoque debe ser el punto final hacia dónde vamos. Tiene que haber un cambio de mentalidad en nosotros y decidir cuánto poder le vamos a dar a nuestro pasado para que no influya en nuestro futuro. El destino es llegar a la casa de Faraón, pero nunca llegaremos si no pasamos por la casa de Potifar.

José tenía muy buen semblante y hermosa presencia. ¿Qué apariencia tienes delante de la gente? No te quejes por estar en casa de Potifar y no en la del Faraón. No se trata de cómo luzcas sino lo que representes. ¿A quién representas? ¿Qué presencia tienes? ¿Amargura, tristeza, desilusión? Lo que llevamos por dentro tarde o temprano saldrá por los poros. José tenía prestancia. Daba honor a su apariencia. Concordaba lo interno con lo externo. Simplemente le daba honor y gloria al ser supremo que moraba dentro de Él.

Nosotros como iglesia tenemos el poder de cambiar la atmósfera de la comunidad. ¿Qué ven los demás en nosotros? ¿A un perdedor o a un próspero?

Hay gente que no sabe disfrutar su vida ni deja que los demás la vivan. La amargura y el rencor los desfigura y gobierna.

"Hablaba ella a José cada día, pero él no la escuchaba para acostarse al lado de ella, para estar con ella." "Pero aconteció un día, cuando entró él en casa a hacer su oficio, que no había nadie de los de casa allí."

La casa de Potifar

José fue tentado muchas veces por esta mujer. No fue solo una vez que ella intentó acostarse con él. La mujer de Potifar se "enamoró" de José porque tenía hermoso semblante y seguramente porque era una persona muy carismática. La gente quería estar cerca de José. Fue por eso que planeó todo para conquistarlo. Sacó a todos de la casa y le tendió una trampa. Pero José era fiel a la ordenanza que le fue dada. ¡No podía tocarla! La fidelidad trae honra. No se puede llegar al faraón sin tener que pasar por la casa de Potifar con fidelidad.

Esta historia de la esposa de Potifar también aparece en un papiro Egipcio que data del año 1225 AC.

"Entonces ella lo asió por la ropa, diciendo: --Duerme conmigo. Pero él, dejando su ropa en las manos de ella, huyó y salió. Cuando ella vio que le había dejado la ropa en sus manos y había huido fuera, llamó a los de casa, y les dijo: --Mirad, nos ha traído un hebreo para que hiciera burla de nosotros. Ha venido a mí para dormir conmigo, y yo di grandes voces. Al ver que yo alzaba la voz y gritaba, dejó junto a mí su ropa, y salió huyendo. Puso ella junto a sí la ropa de José, hasta que llegó su señor a la casa. Entonces le repitió las mismas palabras, diciendo: --El siervo hebreo que nos trajiste, vino a mí para deshonrarme. Y cuando yo alcé mi voz y grité, él dejó su ropa junto a mí y huyó fuera."
Génesis 39:12-18

Siempre que hay un gran sueño y trabajamos con excelencia, aparecerá la esposa de Potifar para abortarlo. Siempre aparecerá la tentación tocando a tu puerta. Es por eso que el dominio propio y el temor de Dios son necesarios para mantenernos en línea por el camino correcto. No tengas temor de que alguien te levante una calumnia. Dios te defenderá y lo usará para llevarte al siguiente paso y nivel en tu vida.

Capítulo 8

Capítulo 8
Una cárcel fuera de lo común

"Al oír el amo de José las palabras de su mujer, que decía: «Así me ha tratado tu siervo», se encendió su furor. Tomó su amo a José y lo puso en la cárcel, donde estaban los presos del rey; y allí lo mantuvo." Génesis 39:19-20

Potifar amaba a José. No podía creer lo que había pasado. Era tal la evidencia en la vida de José de la prosperidad y presencia de Dios que Potifar no lo mandó a la cárcel normal sino a "la cárcel de los presos del rey". José nunca fue sentenciado sino que fue puesto allí esperando restitución. El texto sugiere que Potifar siempre creyó en la inocencia de José, de lo contrario, hubiera sido ejecutado inmediatamente. En esos tiempos la pena de muerte o la mutilación del cuerpo eran los castigos más comunes para un prisionero que era hallado culpable. En el caso de José, la acusación era grave. Se le acusaba de adulterio y ese crimen era saldado con la muerte inmediata. Potifar, de alguna manera sabía que la historia contada por su mujer era falsa.

No fue a cualquier cárcel donde lo mandaron. ¡Fue una cárcel VIP! Era la cárcel de los siervos que esperaban un juicio. De allí eran restituidos a su puesto o "la muerte". En esa época era raro "servir en la prisión". Egipto era uno de los pocos países que tenían el concepto de prisión tal y como lo conocemos hoy.

José nuevamente veía desgracia en su vida. Echado a una cisterna, vendido a los madianitas, de allí pasó como esclavo a casa de Potifar y ahora le levantaban una calumnia y lo echaban en la cárcel. Eso no derrotó a José, sino que lo fortaleció. El vivía un estilo de vida de excelencia, y hasta en la cárcel la ejerció.

Muchos creen que están en una cárcel. Ven a este país como una cárcel....pero no se han puesto a pensar: ¡qué cárcel! La vasta mayoría de nosotros vinimos a los Estados Unidos por nuestra propia voluntad, queriendo prosperar. Pero lo que menos nos imaginábamos era que muchos íbamos a ser esclavos del sistema. Un sistema basado en el crédito y las deudas.

La cárcel, una oportunidad

Existe un papiro publicado por el Egiptólogo W. C. El Hayes, que trata con mucho detalle lo de las prisiones egipcias. Según este escrito de Hayes del año 1972, la prisión en Egipto era llamada: "lugar de confinamiento" y estaba dividida en dos partes: una celda y las barracas o cuartel, especialmente diseñados con capacidad suficiente para tener a aquellos presos que debían servir al sistema de gobierno por un número indefinido de años. Algo así como cadena perpetua. Aunque algunos prisioneros estaban allí "sirviendo" esperando la decisión de si iban a ser ejecutados o no.

"Pero Jehová estaba con José y extendió a él su misericordia, pues hizo que se ganara el favor del jefe de la cárcel. El jefe de la cárcel puso en manos de José el cuidado de todos los presos que había en aquella prisión; todo lo que se hacía allí, él lo hacía. No necesitaba atender el jefe de la cárcel cosa alguna de las que estaban al cuidado de José, porque Jehová estaba con José, y lo que él hacía, Jehová lo prosperaba." Génesis 39:21-23

José demostraba respeto a la autoridad y honra a los superiores. Primero le dieron el cuidado de los hermanos, luego el cuidado de la casa de Potifar, después el cuidado de los presos. Aun en medio de la cárcel y lo negativo, Dios prospera a aquellos que honran autoridad. Dios lo prosperó en casa de su padre, en casa de Potifar y en la cárcel. La prosperidad no tiene nada que ver con el lugar donde estamos. Esta es mi definición de prosperidad: "Prosperidad es tener lo que se necesita, cuando se necesite y cómo se necesite". José sabía que estuviera donde estuviera iba a tener lo que necesitaba. Recuerda: "lo que yo hago suceder a otros, ¡Dios me lo hará suceder a mi! José fue fiel en lo poco, por eso Dios lo puso sobre mucho.

Cuando José fue llevado a esta prisión, su actitud

no cambió y nuevamente se le dio la tarea de asistir al Carcelero Real, administrando la prisión. Como era letrado, fue elevado a la posición de capataz de la prisión. Este oficio no consistía solamente en ser la mano derecha del jefe de la cárcel sino también en tener acceso a todos los registros de la institución. Fue aquí, muy probablemente que aprendió las habilidades médicas que con el tiempo lo condujeron a convertirse en el Médico Principal del Faraón y su casa. Esta es una posición que Imhotep (el José histórico) sostuvo por un largo período de tiempo.

El panadero y el copero

"Aconteció después de estas cosas, que el copero del rey de Egipto y el panadero delinquieron contra su señor el rey de Egipto. Y se enojó Faraón contra sus dos oficiales, contra el jefe de los coperos y contra el jefe de los panaderos, y los puso en prisión en la casa del capitán de la guardia, en la cárcel donde José estaba preso. Y el capitán de la guardia encargó de ellos a José, y él les servía; y estuvieron días en la prisión." Génesis 40:1-4

La misma situación sucedió con otros dos líderes de la casa del Rey. Con la diferencia que ellos si delinquieron en contra de su amo. El texto no explica qué fue lo que realmente hicieron, pero es muy claro en afirmar que ofendieron al monarca. El hecho de que estuvieran esperando por su sentencia de muerte o restitución indica que quizás fueron acusados de conspirar contra el Faraón.

La función de un copero y un panadero solo la

desempeñaba alguien de muchísima confianza. Tenían funciones diplomáticas. Su oficio era preparar y proveer las bebidas y pan al Faraón. El copero debía probar el vino antes de servirlo. Por ejemplo, (en tiempos de José) tenía una función política y acompañaba al Rey a la guerra. Estando en la cárcel, José les servía. Aunque estaban a su cargo, José era su servidor. Uno puede suponer que como José tenía un alto puesto en la prisión, le colocaba en un puesto de privilegio con respecto a los demás presos, y aparentemente no era así. José debía servir al copero y al panadero.

"*Y ambos, el copero y el panadero del rey de Egipto, que estaban arrestados en la prisión, tuvieron un sueño, cada uno su propio sueño en una misma noche, cada uno con su propio significado. Vino a ellos José por la mañana, y los miró, y he aquí que estaban tristes*" Estando en la cárcel el panadero y el copero tuvieron un sueño. José aprovechó la oportunidad para llegar a su destino final, interpretando los sueños de ambos. Y mientras esa oportunidad se presentaba, el era excelente en todo lo que hacía. Nadie recomienda a un mediocre a la casa de faraón. Cada recomendación de un mediocre le cerrará las puertas a la oportunidad en tu vida.

Sin embargo me llama la atención que José era sensible a las necesidades emocionales de los demás. El notó la tristeza en sus rostros y les preguntó: "*¿Por qué parecen hoy mal vuestros semblantes?*" a lo que ambos contestaron: "*Hemos tenido un sueño, y no hay quien lo interprete. Entonces les dijo José: ¿No son de Dios las*

interpretaciones? Contádmelo ahora."
José atribuía sus dones a Dios. El sabía que la presencia de Dios le acompañaba y le daba la interpretación correcta.

"Entonces el jefe de los coperos contó su sueño a José, y le dijo: Yo soñaba que veía una vid delante de mí, y en la vid tres sarmientos; y ella como que brotaba, y arrojaba su flor, viniendo a madurar sus racimos de uvas. Y que la copa de Faraón estaba en mi mano, y tomaba yo las uvas y las exprimía en la copa de Faraón, y daba yo la copa en mano de Faraón. Y le dijo José: Esta es su interpretación: los tres sarmientos son tres días. Al cabo de tres días levantará Faraón tu cabeza, y te restituirá a tu puesto, y darás la copa a Faraón en su mano, como solías hacerlo cuando eras su copero."

El sueño del copero tenía componentes naturales reales pero las acciones no eran comunes. El hecho de exprimir directamente las uvas en la copa del Rey no representaba el oficio actual de preparación del vino. Sin embargo, estaba activo y sirviendo. Para José, estos elementos unidos fueron los que determinaron una interpretación favorable.

"Acuérdate de mí cuando estés en casa de Faraón" le dijo José al copero sin que lo hubiesen restituido todavía a su puesto. Tal era la confianza de José en la interpretación divina del sueño. *"porque fui raptado de la tierra de los hebreos y nada he hecho aquí para que me pusieran en la cárcel."* José revela su verdadera procedencia y se declara inocente de todo crimen.

Inmediatamente, el panadero al darse cuenta

que la interpretación del sueño del copero había sido positiva y favorable, también le contó el suyo a José:

"Viendo el jefe de los panaderos que aquella interpretación había sido para bien, dijo a José: --También yo soñé que veía tres canastillos blancos sobre mi cabeza. En el canastillo más alto había toda clase de manjares de pastelería para el faraón, y las aves los comían del canastillo de sobre mi cabeza. Entonces respondió José, y dijo: --Esta es su interpretación: Los tres canastillos son tres días. Al cabo de tres días quitará el faraón tu cabeza de sobre ti. Te hará colgar en la horca, y las aves comerán la carne que te cubre.

El sueño del panadero es más corto, pero en oposición al sueño del copero, el panadero no está sirviendo al Rey. Solo lleva el canasto en su cabeza, dejando que las aves devoren su contenido. El panadero era responsable por la comida del Rey. En el papiro que les mencioné anteriormente, Harris explica que en los templos se usaban más de 30 tipos de panes diferentes, que debían ser preparados por el panadero.

Cuando un ministerio no sirve, está condenado a muerte. A Dios no le agrada la improductividad. Jesús maldijo a la higuera porque no encontró fruto cuando El lo demandó.

"Y viendo una higuera cerca del camino, vino a ella, y no halló nada en ella, sino hojas solamente; y Jesús le dijo: Nunca jamás nazca de ti fruto. Y luego se secó la higuera." Mateo 21:19

Dios nos debe hallar activos, sirviendo y siendo productivos. Recordemos que aquel que no tiene, aun lo que tiene se le quitará. *"Porque al que tiene, se le dará; pero al que no tiene, aun lo que tiene se le quitará."* Marcos 4:25

El sueño del Faraón

José era un entendedor de su destino. Y aunque el copero olvidó su promesa y no lo recomendó inmediatamente, cuando llegó el momento este recordó lo que José había hecho.

"Sucedió que por la mañana estaba agitado su espíritu, y envió llamar a todos los magos de Egipto y a todos sus sabios. Les contó sus sueños, pero no había quien se los pudiera interpretar al faraón. Entonces el jefe de los coperos dijo al faraón: Estaba allí con nosotros un joven hebreo, siervo del capitán de la guardia. Se lo contamos, y él nos interpretó nuestros sueños y declaró a cada uno conforme a su sueño. Y aconteció que como él nos los interpretó, así ocurrió: yo fui restablecido en mi puesto y otro fue colgado." Génesis 41:8,12-13

El faraón tuvo un sueño que no era solo para él, sino que como autoridad de un país y un reinado, Dios le enviaba aviso.

Es muy importante tomar en cuenta que los gobernantes y personas que están en autoridad, han sidas puestas por Dios con un propósito. En muchas oportunidades la gente se desespera por enviarles mensajes y cartas sin saber si es el tiempo indicado para ellos de recibirlos. José NO le envió ningún mensaje a Faraón de parte de Dios.

Fue Faraón quien hizo llamar a José, debido a la

buena recomendación dada por el copero. Lo importante es estar listos para cuando se nos llame. Si queremos ser el José de esta generación, debemos estar preparados.

"Sométase toda persona a las autoridades superiores; porque no hay autoridad sino de parte de Dios, y las que hay, por Dios han sido establecidas." Romanos 13:1
Recuérdales que se sujeten a los gobernantes y autoridades, que obedezcan, que estén dispuestos a toda buena obra." Tito 3:1

José interpretaba sueños porque era un soñador. Nadie puede entender mejor la visión de otra persona que aquel que es un visionario. Hay muchos roba-sueños en las iglesias. Estos roba-sueños son los que no tienen uno y desean copiarlo de alguien más. Hay muchos ministerios "clonados" en el cuerpo de Cristo hoy. Reproducen el estilo, forma y representación de otros ministerios que están alcanzando el éxito y que son productivos, creyendo que si copian lo que ellos están haciendo obtendrán los mismos resultados. Algo así como lo que hizo el panadero, esperando el mismo resultado e interpretación de su sueño, pero sin embargo, fue condenado a muerte. Aquellos que copian de otros sus cantos, música, libros, estrategias, etc. Están firmando su acta de defunción. Es un ministerio efímero, pronto a desaparecer.

Hay otros roba-sueños que lo que hacen es desanimar a quienes sueñan cosas grandes, simplemente porque ellos no son capaces de tener una visión ni de escuchar de parte de Dios. Si alguien te ha desanimado, no te rindas.

Dios desea devolverte tus sueños. ¡Lo que es tuyo es tuyo y nadie te lo quitará!

Interpretación Divina.

"Entonces Faraón dijo á José: En mi sueño parecía que estaba á la orilla del río: Y que del río subían siete vacas de gruesas carnes y hermosa apariencia, que pacían en el prado: Y que otras siete vacas subían después de ellas, flacas y de muy fea traza; tan extenuadas, que no he visto otras semejantes en toda la tierra de Egipto en fealdad. Y las vacas flacas y feas devoraban á las siete primeras vacas gruesas: Y entraban en sus entrañas, mas no se conocía que hubiese entrado en ellas, porque su parecer era aún malo, como de primero. Y yo desperté." Génesis 41

La Biblia nos cuenta que no hubo quien le diera al Faraón una explicación satisfactoria de su sueño. El sueño no parecía tan complicado de analizar. Vacas gordas: abundancia. Vacas flacas: escasez. ¿Entonces qué fue lo que impresionó al Faraón de la respuesta de José? La diferencia fue una interpretación con sabiduría y una solución añadida.

Hay un detalle que vale la pena recalcar. Hay un momento durante el sueño del faraón que las vacas gordas y flacas convivieron juntas por un periodo de tiempo. Esta era la parte del sueño que hizo que los sabios de Egipto no lo interpretaran como lo hizo José y los obligó a presentar todo tipo de explicaciones complicadas, quizás porque el verdadero significado parecía demasiado simple pero irónico: ¿Cómo se puede convivir con los tiempos de abundancia y los tiempos de hambre al mismo tiempo?

Los siete años de hambre no pueden estar presentes durante siete años de abundancia. Es irónico!

Aquí es donde el consejo de José es sabio y brillante. El no quería decirle al Faraón cómo debía gobernar el país, sino que el consejo era parte de su interpretación del sueño. José interpreta el sueño y luego le da una instrucción al Faraón. La solución estaba en vivir durante los años de abundancia como si fueran los años de hambre, guardando el grano para cuando realmente se necesitara.

Lo que al Faraón de hecho lo impresionó fue el hecho de que su sueño no solo incluía una interpretación, sino una solución en sí mismo.

"Lo que Dios va a hacer, lo ha mostrado al faraón" Génesis 41:28 *"dará también juntamente con la prueba la salida,"* 1 Corintios 10:13

En el papiro #1116A en el Museo de Leningrado hay un mural con tribus hambrientas del desierto obteniendo comida de Egipto en tiempos de escasez. Aparece el faraón entregando trigo a una tribu de Ashkelon, Hazor y Megido" (sin duda ciudades hebreas bien conocidas en Israel)

Hay una gran lección por aprender aquí. Aun en años de abundancia, debemos vivir sobriamente, como si no tuviéramos abundantemente. No que seamos incapaces de disfrutar lo que tenemos, sino a que aprendamos a no derrochar los recursos y bendiciones que gozamos. Debemos ser buenos administradores de lo que tengamos.

Por eso Faraón al ver que el shekinah (la gloria de Dios) estaba sobre José, lo puso al mando.

Por tanto, es necesario que el faraón se provea de un hombre prudente y sabio, y que lo ponga sobre la tierra de Egipto." "El asunto pareció bien al faraón y a sus siervos, y dijo el faraón a sus siervos: -- ¿Acaso hallaremos a otro hombre como este, en quien esté el espíritu de Dios?" Génesis 41:37-38

José se auto-recomendó. Faraón descubrió que José era la respuesta a su problema, pero sobre todo pudo VER que el espíritu de Dios estaba en él. La presencia de Dios es evidente.

¿Eres parte del problema o parte de la solución? José supo leer los tiempos. Debemos ser entendedores de los tiempos.

Faraón entonces nombró a José Padre de su casa. Lo puso como autoridad sobre su propia casa. Si usted no puede tener en orden su casa: ¡PIDA AYUDA!

Capítulo 9

Capítulo 9
Estrategia Divina

Lo que nos destruye es aquello para lo cual no estamos preparados.

"Era José de edad de treinta años cuando fue presentado delante del faraón, el rey de Egipto; y salió José de delante del faraón y recorrió toda la tierra de Egipto. En aquellos siete años de abundancia la tierra produjo en gran cantidad. Y él recogió todo el alimento de los siete años de abundancia que hubo en la tierra de Egipto, y almacenó alimento en las ciudades, poniendo en cada ciudad el alimento de los campos de alrededor. Recogió José trigo como si fuera arena del mar; tanto que no se podía contar, porque era incalculable." Génesis 41:46-48

Es necesario que pongamos en práctica los principios del reino de Dios para que cuando vengan los días malos, no nos tomen desapercibidos. *"Aprovechando bien el tiempo, porque los días son malos." Efesios 5:16*

Si tú deseas ser el José de este siglo, debes tener una relación personal con Dios de tal manera que te revele Sus estrategias. Lo primordial y más importante de todo es buscar a Dios por sobre todas las cosas. De nada te vale poner en práctica estrategias familiares y financieras si Dios no está en el medio de todo. José no fue quien tuvo la solución al problema de la escasez en Egipto, fue Dios quien se la dio: *"Respondió José al faraón: No está en mí; Dios será el que dé respuesta propicia al faraón."* *Génesis 41:16*

> *Acuérdate de tu Creador en los días de tu juventud, antes que vengan los días malos, y lleguen los años de los cuales digas: «No tengo en ellos contentamiento» Eclesiastés 12:1*

Otra cosa que hizo José antes de presentarse delante del faraón fue prepararse.

"Entonces el faraón envió a llamar a José; lo sacaron apresuradamente de la cárcel, se afeitó, mudó sus vestidos y vino ante el faraón." *Génesis 41:14*

Dice claramente que a José lo sacaron de la cárcel apresuradamente. La bendición de Dios viene apresuradamente sobre aquellos que son fieles a Él y le obedecen. José no tuvo tiempo ni de pensar, pero sin embargo, tomó tiempo para prepararse. Se afeitó y se cambió de ropa. Una cosa que aprendió José en casa de Potifar fue que para los egipcios la apariencia personal y la limpieza eran muy importantes. Los egipcios se afeitaban completamente la cara. Este detalle nos confirma que el Faraón de los tiempos de José era egipcio y no Hikso como sostienen algunos. Si no hubiera sido egipcio, el afeitarse no hubiera sido tan importante; sin embargo José se apresuró a cambiar su ropa y a afeitarse.

Cuando una puerta se abra enfrente de ti, pasa por ella luciendo lo mejor. La primera impresión siempre es la que se queda. José no quiso causar lástima, sino que quiso causar una muy buena impresión. No se trata de presumir. José no pidió vestidos, ni un carruaje, ni anillos ni corona. Hay gente que se mete en deudas y en graves problemas financieros porque viven una vida de apariencias y de presunciones. Tienen de todo, pero todo lo deben. José no tenía mucho, pero le daba buen uso a lo que tenía. Una buena apariencia y una bella presencia (de Dios) es todo lo que necesitaba.

Tenemos que quitar los excesos para dejar que TODA la gloria sea sólo para Dios. Es Dios quien debe brillar, no nosotros. Cuando hacemos eso, la gente podrá ver la mano de Dios sobre nuestra vida. Faraón reconoció que fue Dios quien le habló a José. : *"Y dijo el faraón a José: Después de haberte dado a conocer Dios todo esto, no hay entendido ni sabio como tú."* Génesis 41:39

Una vez que José se presentó delante del Faraón y le entregó la interpretación de parte de Dios con respecto a su sueño, Faraón hizo algo inimaginable.

"Tú estarás sobre mi casa y por tu palabra se gobernará todo mi pueblo; solamente en el trono seré yo mayor que tú. Dijo además el faraón a José: Yo te he puesto sobre toda la tierra de Egipto." Génesis 41:40-41

Minutos antes José era un esclavo, ahora era el segundo después del Faraón.

A José le fue quitada su túnica de colores cuando fue vendido como esclavo, pero el Faraón le da un anillo y una túnica finísima. No fue cualquier anillo el que le dio.

Fue su propio anillo el que le puso.

"Entonces el faraón se quitó el anillo de su mano y lo puso en la mano de José; lo hizo vestir de ropas de lino finísimo y puso un collar de oro en su cuello."

También Faraón le dio una esposa egipcia. El faraón fue sabio. Quiso retener descendencia de José y por eso le dio una mujer egipcia para continuar su legado.

"El faraón puso a José el nombre de Zafnat-panea, y le dio por mujer a Asenat, hija de Potifera, sacerdote de On. Así quedó José al frente de toda la tierra de Egipto." Génesis 41:45

Potifar פוֹטִיפַר es una abreviación de Potifera, de acuerdo con el Lexicón Hebreo del Antiguo Testamento de Brown-Driver-Briggs. Los nombres están escritos diferente pero significan lo mismo. Potifera y Potifar SON el mismo sacerdote. Son la misma persona. En escritos rabínicos, algunos maestros determinan que Potifar dio a su hija en casamiento a José, para comprobar su inocencia.

Otros estudiosos dicen que Asenat era la hija adoptiva de Potifar, ya que sugieren este era Eunuco. Un Eunuco no tiene relaciones sexuales, por lo que el episodio de la esposa de Potifar con José se hace más entendible.

A pesar de que José se casó con una mujer egipcia, no les puso a sus hijos nombres egipcios sino judíos. José retenía su identidad, aunque estaba en un mundo secular.

En el caso de José, fue por mandato del Faraón que contrajo matrimonio con una mujer que no era judía. En su caso no tenía otra opción. Esto nos recuerda a Jesús y la esposa del Cordero (incluyendo a los gentiles).

Ten mucho cuidado a quien eliges como tu pareja para casarte. Una mala opción te dará dolores de cabeza y tu sueño se convertirá en una pesadilla. Nosotros como padres tenemos "ojo" clínico. Hay un don especial que los padres tienen. Un don dado por Dios para guiar a los hijos a escoger bien. Hay que hablar claro a los hijos de que cuando busquen una pareja sepan buscar en el lugar correcto y que puedan buscar la aprobación de sus padres. José se convirtió en el mejor de los partidos para cualquier mujer. Desde sus 17 años José se preparó para hacer efectivo su legado y traspasarlo.

Estrategia dada por Dios a un hombre sabio

Dios fue quien dio la interpretación del sueño de faraón a José, pero fue la sabiduría y entendimiento que Dios puso en José lo que hizo que el viera más allá de la profecía y diera una solución.

"José dijo a faraón: Por tanto, es necesario que el faraón se provea de un hombre prudente y sabio, y que lo ponga sobre la tierra de Egipto." Génesis 41:33

¿Cómo logró José convencer a todo un pueblo para que guardara en tiempos de abundancia? Era un hombre que tenía entendimiento, prudencia y sabiduría de parte de Dios. Uno puede tener la interpretación de un sueño o puede tener una visión o una meta, pero si carece de sabiduría, serán solo palabras. No debemos ser solo "interpretadores" de sueños, sino "solucionadores de problemas".

Tenemos todo en nosotros para resolver situaciones adversas porque el Señor está de nuestro lado. *"Todo lo podemos en Cristo que nos fortalece" Filipenses 4:13*
La mayoría de nosotros nos dedicamos a gastar en tiempos fructíferos. No sabemos apartar la semilla, sino que nos la comemos toda. Un buen agricultor siembra parte de su semilla, utiliza una pequeña parte para su sustento y otra parte la guarda. Si no preparamos graneros y los limpiamos, Dios no nos va a proveer. ¿Para qué le pedimos cosas a Dios si no tenemos dónde ponerlas? Prepara tus graneros y ciudades de aprovisionamiento.

José se puso en pie ante el Faraón y advirtió que una gran hambre se aproximaba. Un 95% aproximadamente de todo Egipto era desierto y árido, pero las aguas del Nilo se desbordaban anualmente y abastecía de agua toda la región. El suministro de oro y plata para el resto del mundo provenía de Egipto. De acuerdo con muchas investigaciones, el oro y la plata eran elementos valiosos y de gran significado en el comercio diario. Un hambre devastadora habría sido inconcebible a las mentes de la mayor parte de los egipcios de la época quienes se habían acostumbrado a depender completamente de los beneficios de un abastecimiento de agua ininterrumpido.

Lo mismo sucede hoy en día, sobre todo en la nación de los Estados Unidos de América. La gente está tan acostumbrada a una "prosperidad" mal entendida y a los lujos innecesarios, que nadie podía creer que esta nación alguna vez colapsaría.

El principio de la Mayordomía

"Haga esto el faraón: ponga gobernadores sobre el país..."Génesis 41:34
José fue puesto como mayordomo en casa de su padre, luego en la casa de Potifar, mayordomo en la cárcel y de nuevo mayordomo en el palacio. Hubo un principio que José aprendió desde su juventud y que se perfeccionó a largo de su vida. El principio de la mayordomía. De la misma manera que él había desarrollado este principio, también veía necesario desarrollarlo en otros.

"Así halló José gracia a sus ojos, y lo servía; lo hizo mayordomo de su casa y entregó en su poder todo lo que tenía." Génesis 39:4
Tanto el pasaje anterior como este usan la palabra hebrea "paqad"; que significa "visitar, inspeccionar, interesarse en algo." La palabra griega paralela es "episkeptomai", que significa "observar, supervisar, cuidar, examinar de cerca." Es inspeccionar con el objetivo de definir qué medidas se llevaran a cabo en una situación determinada. El principio de la mayordomía consiste en responsabilidad con compromiso.

Existe otra palabra en el Nuevo testamento que también significa mayordomía: oikonomía. Mayordomo es la palabra oikónomos οἰκονόμος. Son dos raíces unidas: oikos (casa) y nomos (ley) que traducen: la ley o la gerencia de la casa. Es llevar a cabo el trabajo de un superintendente. El vocablo griego oikónomos significa también: el mayordomo o superintendente a quien la cabeza de la casa o propietario ha confiado la dirección de sus asuntos, el cuidado de los recibos y gastos, y el deber de repartir la parte apropiada a cada criado y hasta a los niños todavía menores de edad. También es el encargado de la administración de las finanzas y tesoros de una ciudad. De allí viene oikonomía: economía. Oikonomía también se refiere a un plan u organización para salvar algo. La mayordomía es la buena inversión de los bienes y una posición de deberes y responsabilidades que un mayordomo hace en servicio a alguien.

"*La mayordomía cubre muchas áreas, tales como el cuidado del ambiente, el buen uso del tiempo, el desarrollo de nuestros talentos y la buena administración del dinero. La mayordomía es un estilo de vida.*" Dr. Pablo Jiménez

Para el cristiano, mayordomía significa: Responsabilidad de guardar, velar y administrar todo lo que Dios ha confiado.

José aprendió a cómo administrar debidamente los asuntos de la casa de su padre. Allí aprendió todo lo necesario para llevar el manejo económico del hogar.

¿Eres un buen administrador de lo que Dios te ha dado? ¿Has reflexionado últimamente qué hacer con tu tiempo? ¿Cómo lo administras? ¿Cómo lo aprovechas? El tiempo es un recurso no renovable. No lo podemos recuperar.

Pasos estratégicos dados por Dios

"Haga esto el faraón: ponga gobernadores sobre el país, que recojan la quinta parte de las cosechas de Egipto en los siete años de la abundancia. Junten toda la provisión de estos buenos años que vienen, recojan el trigo bajo la mano del faraón para mantenimiento de las ciudades y guárdenlo. Y esté aquella provisión en depósito para el país, para los siete años de hambre que habrá en la tierra de Egipto; y el país no perecerá de hambre." Génesis 41:34

Todos hemos tenido años de abundancia. Yo les llamo los años de las vacas gordas y las espigas gruesas. Pero muy pocos han aprovechado esos años para prepararse para cualquier imprevisto. La vida está compuesta por ciclos. Después de un ciclo de vacas gordas, siempre habrá un ciclo de vacas flacas, por eso hay que prepararse.

"Mira la hormiga, perezoso, observa sus caminos y sé sabio: Ella, sin tener capitán, gobernador ni señor, prepara en el verano su comida, recoge en el tiempo de la siega su sustento. Perezoso, ¿hasta cuándo has de dormir? ¿Cuándo te levantarás del sueño?" Proverbios 6:6-10

Si te parece que esto es imposible de realizar y decides no hacer cambios en tu mentalidad conformista, la calamidad te alcanzará. *"Un poco de sueño, dormitar otro poco, y otro poco descansar mano sobre mano: así te llegará la miseria como un vagabundo, la pobreza como un hombre armado."* Proverbios 6: 11

Pero si decides intentarlo y hacer cambios rotundos en tu estilo de vida y en tu manera de pensar entonces comienza

a poner en práctica esta estrategia de parte de Dios:
Recoge la quinta parte de tus cosechas en tus años de abundancia y guárdala. El diez por ciento pertenece a Dios. Así que luego sacas la quinta parte. Por ejemplo si ganas $4,000 al mes, la quinta parte serian $800. La quinta parte es el 20% del total.

Si ganas $4,000, el diezmo para Dios es de $400. Te quedarían $3,600. El 20% a guardar serían $720. Te quedarían $2,880. Es decir que tendrías que planificar una vida que no pase esta cantidad. En otras palabras, debes vivir como si ganaras $2,880 y no llevar una vida de $4,000.

Para ello es muy importante que desarrolles un presupuesto. El presupuesto es el plan a desarrollar para ejercitar la oikonomía. Como vimos la mayordomía u oikonomía consta de un plan de acción para salvar una situación determinada. Parte de este plan es el presupuesto.

El Presupuesto

El presupuesto es el cálculo aproximado de tus gastos con el fin de proponer maneras de cómo cubrirlos. Es una suma de dinero destinado para un fin específico.

Para realizar un presupuesto hay que hacer una lista de los gastos mensuales que se llevan a cabo en la casa. Hay gastos que son fijos (nunca cambian, como el pago del: diezmo, la renta, la luz, el agua) y otros gastos que son variables (que pueden cambiar, como: las deudas, el médico, entretenimiento, etc). A Fin de determinar exactamente los gastos variables, se sugiere que tanto el marido como la esposa lleven un diario de gastos durante 30 días. Cada gasto, hasta pequeñas compras, deberían ser puestos en una lista.

Para continuar con el presupuesto, coloque en una lista todos los ingresos que recibe por mes. Si usted no tiene ingresos mensuales fijos, use un promedio anual anterior y divídalo en doce meses. Luego compare los ingresos con los gastos. Si los ingresos totales exceden los gastos totales, usted sólo tiene que poner en práctica un método de control presupuestario en su casa. Pero si sus gastos son mayores que sus ingresos, es necesario tomar medidas adicionales. Si su problema son las deudas por tarjetas de crédito: Destruya todas las tarjetas como un primer paso.

Establezca un programa de pagos que incluya a todos los acreedores. Póngase en contacto con todos sus acreedores, sea honesto con su problema, y arregle un plan de reembolso equitativo. Compre en efectivo, y sacrifique sus deseos y gustos hasta que se ponga al día. Eduque a la familia a cuidar de la ropa. Aplique disciplina y entrenamiento a los niños para hacer cumplir estos hábitos.

El gastar es un hábito. Es un vicio. Los vicios hay que romperlos. Debemos aprender a manejar lo poco que tenemos antes de poder tener más. Establezca una autodisciplina. Realice una lista de las cosas que "realmente necesita" y no lo que "idealmente desea". Lleve su lista al supermercado o la tienda donde debe hacer dicha compra y mantenga su atención sólo en la lista. Compre SOLO lo que está escrito en la lista. Antes de comprar pregúntese si lo que va adquirir es una necesidad o un deseo. El propósito de un presupuesto es lograr tener UN AHORRO.

Sé que parece difícil, pero no es imposible. Si realmente deseas sobrevivir ante una crisis económica inminente, esta debería ser tu manera de pensar. Generalmente una depresión económica no es la causa de los problemas financieros, sino la falta de sabiduría a la hora de administrar lo que tenemos.

No podemos culpar al sistema, ni al gobierno ni a las crisis. La culpa es nuestra por no habernos preparado. Lo que nos destruye es aquello para lo que no estábamos preparados. En muchas familias cuando la crisis financiera se asoma, los matrimonios se culpan el uno al otro y muchos terminan en divorcio.

"El que desprecia la disciplina sufre pobreza y deshonra; el que atiende a la corrección recibe grandes honores." Proverbios 13:18

Abundancia de pan

"y comenzaron a llegar los siete años de hambre, como José había predicho. Hubo hambre en todos los países, pero en toda la tierra de Egipto había pan." Génesis 41:54

Mientras toda la tierra padecía de hambre y escasez, en Egipto había comida. El pan era considerado tan importante como el dinero.

En un principio, como objetivo de cambio y comercio, los egipcios calcularon el valor de bienes y servicios en unidades que estuvieron directamente relacionadas con las necesidades de la vida. Más tarde, el cálculo fue hecho en términos de pesos de metales, como cobre o plata y su peso fue usado como una referencia para el valor.

Ciertos papiros relacionan información sobre pagos de salario durante el Viejo Reino, mientras que los documentos del templo, las biografías y otros datos arqueológicos proporcionan la información del Reino Medio. Durante el Nuevo Reino, nuestra información viene principalmente de Medina el-Deir y de documentos que tienen que ver con la navegación. Todas estas fuentes dicen que los pagos fueron hechos en la forma de pan, cerveza, grano, carne y raciones de tela, que eran las necesidades básicas de la vida.

Durante el reino medio, el pago de un salario básico consistía en 10 piezas de pan y dos jarras llenas de cerveza. La cerveza en ese entonces casi no contenía alcohol y contenía mucho más calorías.

"Cuando se sintió el hambre en toda la tierra de Egipto, el pueblo clamó por pan al faraón. Y dijo el faraón a todos los egipcios: «Id a José, y haced lo que él os diga».
"¿De qué sirve el dinero en la mano del necio para comprar sabiduría, si no tiene entendimiento?" Proverbios 17:16

Faraón sabía que José tenía la solución para ese momento de crisis y por eso enviaba a la gente directamente con él. ¿Posees respuestas de parte de Dios para gobernantes y personajes en puestos de autoridad o solamente te has limitado a satisfacer tus propias necesidades y a salvar lo tuyo propio? Estoy convencido que hoy más que nunca, la iglesia debe ser la respuesta en tiempos de crisis y de calamidad.

"Recogió entonces José todo el dinero que la tierra de Egipto y la tierra de Canaán le habían pagado por los alimentos que de él compraban; y metió José el dinero en casa del faraón. Cuando se acabó el dinero de la tierra de Egipto y de la tierra de Canaán, vino todo Egipto a José, diciendo: Danos pan; ¿por qué moriremos delante de ti, por haberse acabado el dinero?" Génesis 47:14-15

Cuando el dinero se acaba o cuando no hay alimentos, los lujos y las posesiones carecen de todo valor. El valor pasa a lo más básico de la vida. En los tiempos de la gran depresión en los años 30 en los Estados Unidos, la gente quemaba los bloques de dinero porque no tenían con que calentarse. Muchos intercambiaron sus casas y posesiones valiosas por comida. Lo que era apreciable antes, ahora no valía nada.

Así sucedió en Egipto en tiempos de José. Ahora lo más valioso era el pan. Inclusive, cuando el hambre se intensificó, los egipcios prefirieron el grano por encima de su ganado.

José respondió: --Si se ha acabado el dinero, entregad vuestros ganados, y yo os daré trigo por vuestros ganados. Trajeron ellos sus ganados a José, y José les dio alimentos a cambio de caballos, ovejas, vacas y asnos; los abasteció de pan aquel año a cambio de todos sus ganados." Génesis *47:16-17*

Si se repitiera lo que sucedió en los años 30 durante la gran depresión, todos los carros, casas, lujos no tendrían ningún valor. La Gran Depresión fue una depresión económica mundial severa en la década siguiente a la Segunda Guerra Mundial. En la mayor parte de los países comenzó aproximadamente en 1929 y duró hasta finales de los años 30 o a principios de los años 40. La depresión se originó en los Estados Unidos, provocada por la caída de la bolsa el 29 de octubre de 1929 (conocido como el martes Negro), pero rápidamente se extendió a casi cada país en el mundo. Si esto sucedió una vez, puede volver a ocurrir.

"Acabado aquel año, vinieron a él el segundo año, y le dijeron: No ocultamos a nuestro señor que el dinero ciertamente se ha acabado, y también el ganado es ya de nuestro señor. Nada ha quedado delante de nuestro señor, sino nuestros cuerpos y nuestra tierra. ¿Por qué moriremos delante de tus ojos, así nosotros como nuestra tierra? Cómpranos a nosotros y a nuestra tierra por pan, y nosotros y nuestra tierra seremos siervos del faraón; danos semilla para que vivamos y no muramos, y que no sea asolada la tierra." Génesis *47:18-19*

Lo que el enemigo desea es hacerte esclavo y poner un yugo de opresión sobre tu vida. El envía crisis a tu vida para esclavizarte. Desea acumular todas tus riquezas y posesiones y por último desea atarte. El sistema económico basado en la deuda es un sistema diabólico que tiene como fin llegar a poseerte. La palabra de Dios nos exhorta a que:

"No debáis a nadie nada..." Romanos 13:8
Aunque la Biblia NO establece que la deuda es un pecado, establece que: *"el que sabe hacer lo bueno y no lo hace, comete pecado." Santiago 4:17*
Si usted va a pedir prestado es porque tiene un respaldo y va a pagar la deuda. No pagarla SI es un pecado. Lo recomendable es no tener deudas a largo plazo, y si acaso usted las tiene, propóngase pagarlas en menos de 7 años. De esa manera establece la Biblia en Deuteronomio 15, que cada 7 años debemos hacer remisión de las deudas.
"El rico se hace dueño de los pobres y el que toma prestado se hace esclavo del que presta." Proverbios 22:7.
Para que tengas abundancia de pan debes comenzar por eliminar toda deuda en tu vida. Lo más difícil es tomar la decisión y cambiar la mentalidad. Mientras gastemos más de lo que tengamos, estaremos en deuda. Como cristianos debemos PAGAR lo que debemos. *"El impío toma prestado y no paga; pero el justo tiene misericordia y da." Proverbios 37:21*
No hagas promesas financieras de fe que luego no podrás pagar. No te ates con los dichos de tu boca, pues si lo haces y no cumples, te sobrevendrá maldición: *"Cuando a Dios hagas promesa, no tardes en cumplirla, porque él no se complace en los insensatos. Cumple lo que prometes." Eclesiastés 5:4.* Confía en Dios, busca su reino y el proveerá. Cumple con los principios del reino de Dios y El te prosperará. *"Sean vuestras costumbres sin avaricia (sin amor al dinero), contentos con lo que tenéis ahora, pues él dijo: «No te desampararé ni te dejaré»" Hebreos 13:5*

José no abrió los graneros HASTA que llegó el hambre. No abras tus graneros antes de tiempo. No malgastes tus ahorros sin llegar a tu meta. Dios quiere que tengamos no solamente para darle a los nuestros sino a los que no pertenecen a nuestro grupo o gremio.

Por esa razón: Prepárate para los tiempos de crisis. Que no te tomen desprevenido. Si te preparas, Dios te honrará.

Capítulo 10

Capítulo 10
Características
de un José de este siglo

Hay una serie de puntos importantes que nos ayudarán a conocer más a José, el hijo de Jacob. Toda su vida estuvo sellada por la mano de Dios. Y aunque no hay ningún pasaje que nos revele a José conversando con Dios, es indudable que José escuchaba de Él. No es evidente su oración ni su relación personal con Dios, pero quedan más que obvias debido a la demostración clara en la vida de José.

Muchas personas hacen alarde de su vida devocional, de cuántas horas oran, ayunan y leen la Biblia, pero su vida no demuestra el poder de Dios. Si decimos que tenemos a Dios debe haber una evidencia.

Varios puntos a continuación señalan que de verdad la presencia y el poder de Dios estaban con José. Analicemos cada punto con miras a aplicar cada aspecto a nuestras propias vidas.

1 - La prosperidad de Dios estaba sobre José.

Antes de que se multipliquen tus pertenencias debes asegurarte de que la presencia de Dios esté asentada en ti y sea causante de esa prosperidad. La prosperidad del mundo es una y la prosperidad de Dios es otra. Prosperidad no solo se refiere a lo financiero. Si no tienes salud, no eres próspero. Si tienes mucho dinero pero no tienes paz, no eres próspero. Sabemos que algo es una bendición de Dios, cuando no trae dolor, ni ofensas añadidas.

"La bendición de Jehová es la que enriquece, y no añade tristeza con ella." Proverbios 10:22

Para ser un José de esta generación tenemos que ser prósperos en todo lo que hagamos. La palabra prosperidad EN LA BIBLIA, no tiene la misma connotación que la que tenemos en nuestra cultura. En nuestra cultura, prosperidad es tener lujos, casas, autos, viajes, joyas. Es tener todo lo que deseamos, aunque lo debamos. ¡Qué ironía! Y lo peor es que a los cristianos se les ha vendido una doctrina barata y falsa con respecto a la prosperidad: ¡Dime *cuánto* tienes y te diré quién eres!

Si analizamos la palabra de Dios, prosperidad no significa ninguna de esas cosas. En el antiguo testamento hay varias palabras que se han traducido al español como: prosperidad, pero su significado está muy lejano de la idea consumista con respecto a las riquezas.

La primera palabra que analizaremos es: *TOWB* ט ב

Esta es una raíz hebrea que significa: estar bien, ser beneficioso, estar complacido, agradable, favorable, encantador, alegre, feliz, cómodo, correcto, fructífero. La palabra también se refiere a beneficios económicos, así como también a la sabiduría o belleza estética, pero estos son significados secundarios. El significado primario de la prosperidad bíblica se refiere a todo lo bueno que viene de la mano de Dios. De hecho, la primera vez que aparece esta raíz hebrea en la Biblia es en Génesis 1:4: "y vio Dios que la luz era buena". (El adjetivo *bueno* en el AT tiene varios significados, que comprenden desde lo moralmente *correcto* hasta lo *bello, agradable* y *útil*. En este pasaje se afirma que todo lo que existe es *bueno*, porque procede de Dios y corresponde a su propósito. Copyright © 1995 Reina-Valera Notas a pie de página)

TOWB forma parte de las características personales de Dios y no solamente un don salido de Él. No te concentres en las bendiciones de Dios, busca a Dios y obtendrás sus bendiciones. El es el portador de la bendición. ¡José prosperaba porque Dios estaba con él!

La segunda palabra que deseo compartirles, que también se traduce como prosperidad es SHALOM. Esta palabra significa "paz y bienestar" en todo sentido: físicamente, mentalmente, emocionalmente, y espiritualmente. SHALOM implica salud, seguridad, tranquilidad, éxito, comodidad, y bienestar. También significa mantener relaciones interpersonales pacíficas.

Como podemos darnos cuenta, la prosperidad de Dios va más allá de nuestro entendimiento. Es mucho más grande y valiosa. La felicidad del hombre no está en los bienes materiales que pueda tener. Su felicidad radica en tener a Dios!

"Amado, yo deseo que tú seas prosperado en todas las cosas, y que tengas salud, así como prospera tu alma." 3 Juan 1:2

Dios desea que tú seas prosperado. La palabra griega aquí usada es εὐοδόω (Euodo) y significa: dirigir por buen camino, tener un viaje próspero y diligente; conducir por un camino directo y fácil. El viaje al que se refiere es el camino que Dios te ha preparado para que transites en él. Este vocablo griego aparece solo tres veces en el Nuevo testamento.

Una traducción más apegada al original sería: *"Amado, más allá de todas las cosas deseo que transites por un camino de éxito y que tengas salud de la misma manera que tu alma prospera."*

No hay nada malo con hacer riquezas y tener posesiones, pero definitivamente que ese no es el fin ni la meta de la prosperidad Bíblica. La prosperidad según Dios es la que nos hace fructificar y ser de beneficio para los demás.

"Y el SEÑOR estaba con José, que llegó a ser un hombre próspero" Génesis 39:2 La palabra próspero allí es TSALACH. Tiene tres sentidos principales. En primer lugar "prosperar", en segundo lugar "tener éxito" y en tercer lugar, "venir con poder".

Este vocablo hebreo también es usado con respecto a tener éxito en el logro de tareas y labores. TSALACH es similar a la definición del mundo con respecto al éxito. Esto indica el logro de riqueza material, prosperidad y logro en las diferentes aéreas de la vida y la actividad intelectual: una carrera.

"El jefe de la cárcel no supervisaba nada que estuviera bajo la responsabilidad de José, porque el SEÑOR estaba con él, y todo lo que él emprendía, el SEÑOR lo hacía prosperar (TSALACH)." Génesis 39:23
"Guardad, pues, las palabras de este pacto y ponedlas en práctica, para que prosperéis(SAKAL) en todo lo que hagáis." Deuteronomio 29:9

En esta oportunidad la palabra hebrea usada aquí es SAKAL. SAKAL (sajal) significa ser conducido con prudencia y entendimiento logrando éxito. José prosperaba porque Dios le daba la sabiduría necesaria para conducirse.

Mike McLoughlin lo explica muy bien: "TSALACH es como un lago de prosperidad y SAKAL es la corriente de opciones sabias que alimentan ese lago."

2- José era un Multiplicador

Dios no nos añade porque no multiplicamos lo que El ya nos dio. No multiplicamos lo que tenemos porque lo queremos retener y quien retiene lo poco que tiene, lo pierde. Hay que tener mentalidad de vacas gordas. Es un error pensar que los tiempos de abundancia son para botar los recursos, al contrario, son para ahorrarlos y multiplicarlos. "Porque al que tiene, se le dará; pero al que no tiene, aun lo que tiene se le quitará." Marcos 4:25

Dios creó al hombre para que fructificara y multi-

plicara. "Y Dios los bendijo, diciendo: Fructificad y mul-
tiplicaos" Génesis 1:28

La prosperidad es la que trae fructificación. No
puedes multiplicarte si primero no eres productivo. Fructificación es llevar fruto, causar fruto y mostrar resultado.

Multiplicar (raíz hebrea RABAH)   הבר se
refiere a hacerse numeroso, acrecentar en número, repro-
ducir, crecer.

*"La fortuna obtenida con fraude disminuye; pero el que
la recoge con trabajo, la aumenta (rabah)" Proverbios
13:11*
José tenía éxito multiplicado. Es decir, ya con él
había destrezas, sabiduría y conocimiento. En casa de su
padre obtuvo destrezas y saber, que en casa de Potifar fueron acrecentados. En casa del Faraón simplemente fueron
multiplicados.

Matemáticamente hablando no puedes multiplicar
sobre 0. Lo mínimo que debes tener es 2. *"Y ellos dijeron:
No tenemos aquí sino cinco panes y dos peces."* En Mateo
14:17, los discípulos de Jesús presentaron lo que tenían
para que Jesús lo multiplicara. No era mucho, pero *tenían*.

A José le ponían cosas en su mano y por la gracia
de Dios, estas se multiplicaban. No en vano el nombre
José proviene de una raíz hebrea que significa: "añadir,
aumentar". Cuando a tus manos llegan bendiciones, eres
próspero, pero cuando las multiplicas eres exitoso.

3- José, fuente de Provisión

Dios desea darte cosas para que bendigas a alguien más. En el momento de necesidad nosotros debemos convertirnos en la bendición de los demás. En los tiempos oscuros, debemos ser la luz. Mis tiempos de provisión se convierten en la solución para los tiempos de necesidad en alguien más. José siempre estaba sirviendo. Primero a su padre, luego a Potifar, más tarde al copero y al panadero en la cárcel, después al faraón. Servir quiere decir convertirse en fuente de provisión.

"Así halló José gracia a sus ojos, y lo servía" Génesis 39:4

En hebreo existen varias palabras que pueden ser traducidas como servicio o servir. Pero en ellas el servicio está relacionado con un trabajo o una labor física realizada para alguien más. Este es el caso de la palabra ABAD. Sin embargo, el tipo de servicio que José proveía iba más allá de las expectativas esperadas. En el versículo Bíblico mencionado arriba en Génesis 39, se nos revela un punto sumamente importante con respecto al tipo de servicio que ejercía José.

SHARATH es una raíz hebrea que se traduce servicio o ministerio. En su significado más extenso quiere decir asistir, ministrar, convertirse en un criado personal al servicio de alguien más.

José no solamente realizaba un trabajo físico, sino

que se convertía en el facilitador y suministrador personal de las necesidades de los demás.

Existen muchos ministerios que se afanan y trabajan demasiado, pero todos sus esfuerzos van en hacer del ministerio un trabajo y un salario, siendo ellos los únicos beneficiados. Pero hay otros, cuya meta primordial es ayudar, convirtiéndose en una fuente de provisión para los demás de manera desinteresada y honesta. José era uno de ellos. Un ministerio ha sido formado para "ministrar", "servir", "ayudar" y "facilitar" recursos para edificación del cuerpo de Cristo.

4- José, la respuesta de su generación

En una época y estación difícil, José se convirtió en la respuesta. Debemos ser parte de la solución y nunca parte del problema. Esta característica de José era la que le abría las puertas ante grandes oportunidades. Cuando una persona se concentra en buscar soluciones y respuestas, elimina la queja de su vida. La queja y la autocompasión alejan oportunidades y cierran puertas.

La persona que se queja es porque tiene amargura y resentimiento arraigado en el corazón y por lo tanto habla de lo que lleva por dentro. *"Por tanto, no refrenaré mi boca; Hablaré en la angustia de mi espíritu, Y me quejaré con la amargura de mi alma." Job 7:11*

En la Biblia, la acción de quejarse está basada en la meditación y reflexión continua de los pensamientos negativos que produjeron nuestro resentimiento y dolor. La palabra hebrea ‏שִׂיחַ‎siyach sugiere que la queja es un sentimiento que ha sido "abonado" con nuestra constante meditación de los hechos ocurridos. Es como ver una película varias veces, una y otra vez. Lo que hay que hacer en esos casos es apagar el proyector y dejar de proyectar la imagen. La queja es la proyección de imágenes dolorosas que llevamos en nuestra mente y el corazón. La queja también está unida a la acción de murmurar y pasar rumores. La persona que se queja, lo hace para que otros se den cuenta de la ofensa que alguien o algo produjo en ellos. La expresión hebrea que denota esta acción es: ‏נֵאַ‎ anan. Cuando esto sucede, el favor de Dios se aleja. *"Y el pueblo comenzó a quejarse en la adversidad a oídos del SEÑOR; y cuando el SEÑOR lo oyó, se encendió su ira, y el fuego del SEÑOR ardió entre ellos y consumió un extremo del campamento." Números 11:1*

El arma más poderosa en contra de la queja y la autocompasión es la alabanza a Dios. Volquemos toda nuestra energía hacia Dios. Alabémosle por sus proezas y grandezas. No hagamos al enemigo poderoso. ¡Coronemos a Jesús con alabanza y hagámosle Rey de nuestra vida!

5- José, entendedor de su destino

Los acontecimientos que se suscitaron después ponen al descubierto cómo José esperó todos esos años para ver cumplidos sus sueños. El sabía que esos sueños habían sido enviados por Dios y que tarde o temprano se volverían realidad. Cuando entiendes que tienes un propósito y un destino, eres capaz de esperar el tiempo que sea necesario. Si deseas ser el José de este siglo debes ser entendedor de tu destino y de tu propósito; y no dejar que las circunstancias negativas en la vida aborten el plan de Dios.

"Viendo Jacob que en Egipto había alimentos, dijo a sus hijos: «¿Por qué os estáis ahí mirando? Yo he oído que hay víveres en Egipto; descended allá y comprad de allí para nosotros, para que podamos vivir y no muramos»" Génesis 42-1-2

Hay gente que en medio de la crisis y la calamidad se paraliza. Se quedan mirando y contemplando su problema y no hacen nada al respecto. Como los hermanos de José, así hay muchos, esperando que las cosas les caigan en "bandeja de plata". Salir de la tormenta será difícil, habrá que caminar mucho para encontrar la salida, pero la solución no es quedarse en la turbulencia porque morirás. Caminar hacia Egipto era un largo viaje, pero no caminar era la muerte segura.

El tiempo cambia las cosas

"Descendieron los diez hermanos de José a comprar trigo en Egipto. Pero Jacob no envió a Benjamín, hermano de José, con sus hermanos, porque dijo: «No sea que le acontezca algún desastre»" Génesis 42:3-4

Características de un José de este siglo

Este pasaje revela que Jacob había aprendido la lección y esta vez tomó precauciones como lo haría cualquier padre responsable, aunque su hijo ya no fuera menor de edad. Cuando leemos en el versículo que "Benjamín era pequeño" (Génesis 44:20) la palabra hebrea allí se refiere a que era el menor. Este hermano menor de José podía contar con unos 35 años. José tenía 30 años cuando fue presentado al Faraón. (Génesis 41:46), ya habían pasado 7 años de abundancia (37) y probablemente se encontraban en el segundo año de hambruna. (39) Es probable que José estuviera alrededor de sus cuarentas cuando fue reunido con su padre.

Además, cuando Benjamín entró a la tierra de Egipto llevó a sus 10 hijos con él. *"Y estos son los nombres de los hijos de Israel, que entraron en Egipto, Jacob y sus hijos:...los hijos de Benjamín fueron Bela, Bequer, Asbel, Gera, Naamán, Ehi, Ros, Mupim, Hupim y Ard. ... Todas las personas de la casa de Jacob, que entraron en Egipto, fueron setenta".*

Jacob tenía 120 años cuando su padre Isaac murió a los 180. La muerte de Isaac se llevó a cabo unos 10 años después de que José fuera vendido como esclavo. (Jacob vivió 17 años en Egipto, o sea que tenía 130 cuando llegó donde José.) José estuvo casi 22 años en Egipto sin ver a su padre. Si José tenía 17 años cuando fue vendido como esclavo y 10 años después murió su abuelo Isaac, pero unos años antes nació Benjamín, podemos entonces suponer que quizás Raquel estaba encinta cuando José desapareció o que hacía poco había muerto.

"Reconoció, pues, José a sus hermanos, pero ellos no lo reconocieron. Entonces se acordó José de los sueños que había tenido acerca de ellos" Génesis 42: 8-9

Ten mucho cuidado de no tratar mal a tu hermano, hablar mal de él ni desearle mal, porque algún día Dios te pondrá enfrente a él y tendrás que humillarte. Lo que uno siembra eso recogerá.

Lo más importante en el caso de José fue que el no guardó resentimiento ni actuó en venganza en contra de sus hermanos una vez que los tuvo frente a él, aunque sí les habló duramente.

"José reconoció a sus hermanos en cuanto los vio; pero hizo como que no los conocía, y hablándoles ásperamente les dijo: ¿De dónde habéis venido?" Génesis 42:7

José lucía como egipcio y hablaba como egipcio. Algunos sostienen que la única prueba de que era judío al momento en que llegaron sus hermanos y estuvieron solos con él, fue la marca de la circuncisión en su cuerpo. Hizo salir a todos y reveló su verdadera identidad. Sin embargo en varios manuscritos leemos que la circuncisión ya existía en el antiguo Egipto y era una práctica de iniciación realizada a los varones jóvenes como prueba de su transformación de niño a hombre. Algunos sugieren que solo los sacerdotes y los faraones estaban circuncidados. Sin embargo, no hay evidencia clara de cómo ni cuándo se originó esta práctica.

Por otro lado, José tenía un traductor para hablarles a sus hermanos. (Génesis 42:23) El no quería que supieran que era él.

¿Tiempo de venganza o de Reconciliación?

José les reconoció y se acordó entonces de los sueños que una vez tuvo con respecto a ese momento y luego les acusó diciendo: "ustedes son espías". (Génesis 43:9) En el original hebreo esta palabra se refiere a alguien que ha sido enviado por otro para investigar acerca de algo o alguien y luego regresar con el reporte. ¿No es lo mismo que hacía José cuando estaba en casa de su padre? En esta oportunidad José puso a sus hermanos en la posición en la que él estuvo una vez, quizás para que pudieran ver desde su perspectiva.

Varias veces José hizo esta acusación contra ellos. Y en cuanto sus hermanos nombraron que un hermano menor había quedado con su padre les respondió: *"Enviad a uno de vosotros para que traiga a vuestro hermano, y vosotros quedad presos. Vuestras palabras serán probadas, si hay verdad en vosotros; y si no, ¡por la vida del faraón, que sois espías." Génesis 42:16*

Después de esto los puso en la cárcel por tres días. El texto hebreo aquí quiere decir que los puso en observación. En una habitación que se encontraba en el mismo palacio de Faraón, que servía de zona de detención temporal. La cárcel donde estuvo José era diferente. Era una casa redonda que servía de prisión para los siervos que habían cometido algún delito en contra del Faraón. José quiso que sus hermanos de alguna manera experimentaran en pocos días lo que él sufrió por muchos años. A pesar que José no cobró la deuda con la vida de sus hermanos, si quiso darles un poco de su propia medicina.

Al tercer día José les indicó que hicieran lo que les estaba demandando porque el temía a Dios. *"Haced esto y vivid: Yo temo a Dios."* José estaba dándoles pistas a sus hermanos de que él era hebreo y no egipcio y aun así estos no le reconocían.

Para un egipcio nombrar a Elohim (el verdadero y único Dios en quien los hebreos creían) era inusual, ya que los egipcios adoraban a otros dioses. José, sin embargo TODAS las veces que mencionó a Dios (en casa de Potifar, la cárcel y el palacio) utilizó el vocablo hebreo ELOHIM. (Génesis 39:9 / Génesis 40:8 / Génesis 41:16 / Génesis 41:25 / Génesis 41:32 / Génesis 42:18)

Después José tomó cautivo a Simeón y despidió a los demás, poniendo de vuelta su dinero en sus sacos secretamente. Cuando sus hermanos llegaron donde Jacob, su padre, le contaron lo sucedido:

"Aquel hombre, el señor de la tierra, nos habló ásperamente y nos trató como a espías de la tierra. Pero nosotros le dijimos: "Somos hombres honrados, nunca fuimos espías. Somos doce hermanos, hijos de nuestro padre; uno ha desaparecido y el menor está hoy con nuestro padre en la tierra de Canaán". Entonces aquel hombre, el señor de la tierra, nos dijo:

"En esto conoceré que sois hombres honrados: dejad conmigo a uno de vuestros hermanos, tomad para remediar el hambre de vuestras familias y andad, traedme a vuestro hermano menor; así sabré que no sois espías, sino hombres honrados; entonces os entregaré a vuestro hermano y comerciaréis libremente por el país". Génesis 42: 30-34

Cambio de corazón

"Entonces su padre Jacob les dijo: Me habéis privado de mis hijos: José no aparece, Simeón tampoco y ahora os llevaréis a Benjamín. Estas cosas acabarán conmigo." Génesis 42:36

Por primera vez Jacob muestra preocupación por uno de sus otros hijos, fuera de los hijos de Raquel. En ningún lugar antes de este verso se ve a Jacob demostrar afecto o preocupación por Simeón o cualquiera de sus hermanos. Jacob aprendió la lección. La perdida de José, le hizo reevaluar su comportamiento como padre. Es lamentable que, como Jacob, muchos de nosotros cambiemos hasta que nos sobreviene una desgracia.

"Rubén respondió a su padre: Quítales la vida a mis dos hijos, si no te lo devuelvo. Confíamelo a mí y yo te lo devolveré." Génesis 42:37

El episodio de José no solamente modificó el comportamiento de Jacob sino también el de sus hermanos. Es notorio el cambio de actitud y de comportamiento de Rubén, por ejemplo. En el pasado, Rubén fue muy débil de carácter y aunque previno la muerte de José, no pudo evitar que sus hermanos se deshicieran de él. No tuvo el valor suficiente para enfrentarse a ellos. Dos décadas después, este mismo Rubén está dispuesto a perder a sus dos hijos con tal que su padre confiara en el.

Judá, el otro hermano; quien fue el de la idea de vender a José en lugar de matarlo, esta vez tuvo el valor de ponerse como responsable de la vida de Benjamín delante de su padre.

"Yo te respondo por él; a mí me pedirás cuenta. Si no te lo traigo de vuelta y no lo pongo delante de ti, seré ante ti el culpable para siempre." Génesis 43:9

José, está a punto de darse cuenta que sus hermanos tuvieron un cambio muy grande desde que el fue vendido a los ismaelitas. Cuando José vio que sus hermanos estaban de regreso con Benjamín, le dijo a su mayordomo que matara a un animal en preparación para un banquete en su casa. Una vez que trajeron a los hermanos a la casa de José, estos se asustaron asumiendo que la razón por la cual fueron llevados allí fue el dinero que habían encontrado en sus sacos de grano durante su visita anterior y se acercaron al mayordomo para explicarle su situación. Sabiendo la naturaleza de la visita, el mayordomo aseguró a los hermanos que su presencia allí era por motivos pacíficos, y les trajo a Simeón.

"Al entrar José en casa, ellos le trajeron el regalo que habían traído consigo, y se inclinaron ante él hasta tocar la tierra." Génesis 43:26. Aquí se ve el cumplimiento de uno de los sueños de José.

José les había llevado a su casa y les sirvió en una mesa aparte, ya que los egipcios no comían con los extranjeros. Además, les sentó de acuerdo a su edad y derecho de primogenitura. (Génesis 43) A todo esto sus hermanos quedaban atónitos.

Sin embargo José les tendió una trampa, escondiendo su copa de plata en el saco de su hermano menor Benjamín para luego culparlos de robo y dejar allí al culpable (Génesis 44). Cuando en efecto la copa apareció en el costal del hermano menor, todos rasgaron sus vestidos y se dirigieron de nuevo a la casa de José. Una vez allí, este les indicó que sólo el culpable debía quedarse y que los demás se fueran en paz a casa de su padre. Entonces sucedió lo inesperado. La reacción de su hermano Judá en defensa de Benjamín quebrantó a José:

"Como tu siervo salió fiador del joven ante mi padre, diciendo: "Si no te lo traigo de vuelta, entonces yo seré culpable ante mi padre para siempre", por eso te ruego que se quede ahora tu siervo en lugar del joven como siervo de mi señor, y que el joven vaya con sus hermanos, pues ¿cómo volveré yo a mi padre sin el joven? No podré, por no ver el mal que sobrevendrá a mi padre."

Este mismo Judá que en el pasado no pudo dar la cara a su padre cuando José fue vendido, sino que, junto con sus hermanos, enviaron su túnica con los sirvientes, ahora no solo hacía una promesa sino que estaba dispuesto a dar su propia vida a cambio de la de su hermano menor. Realmente había habido un cambio de corazón. Y esto José no se lo esperaba. Y rompiendo en llanto se dio a conocer a sus hermanos. Y tan fuerte lloró que hasta daba gritos que fueron escuchados por los egipcios y hasta la casa del faraón. Génesis 45:1

Era la primera vez que José demostraba y sacaba su dolor acumulado por años. No esperes demasiado para desahogarte. Puedes hacerlo delante de la presencia del Señor. El te escuchará y vendrá en tu auxilio. A veces el dolor es tan fuerte que no reaccionamos, y cuando por fin lo hacemos podemos causar una conmoción. Por el bien tuyo y de los que te rodean, busca a alguien de confianza, un hermano que te escuche y entienda; y con ese hermano desahógate para no dar cabida al resentimiento en tu vida. José no guardaba rencor. Varias veces tuvo la oportunidad de cobrarles a sus hermanos una a una todas sus ofensas en su contra. Era el mejor momento para haber efectuado una venganza y sin embargo, no lo hizo.

El secreto

La clave para entender nuestro destino final es el perdón, y junto con él la seguridad de que todas las cosas actúan para bien de aquellos que conforme al propósito de Dios han sido llamados.

"porque para preservación de vida me trajo Dios...no me enviaron acá ustedes sino Dios" Génesis 45:5,7-8
Esta fue la oportunidad perfecta para que José se desquitara con sus hermanos. Pero José no quiso darle poder a la amargura ni a su pasado, sino que se liberó de su dolor. Cuando no perdonamos y retenemos el dolor y resentimiento damos gran poder a nuestros adversarios y enemigos. El recuerdo del pasado todavía tiene poder sobre nosotros cuando no lo soltamos. El momento de crisis puede convertirse en tu momento de gloria, por eso saca ventaja de él. Lo que no te destruye te hace más fuerte.

José, en lugar de vengarse les dijo a sus hermanos que no se entristecieran por lo pasado, ni que les pesara haberlo vendido porque eso sirvió para salvarle la vida a mucha gente. Luego los envió con un mensaje a su padre de que él estaba vivo y pidiéndole que viniera a verlo. *"Haréis, pues, saber a mi padre toda mi gloria en Egipto, y todo lo que habéis visto. ¡Daos prisa, y traed a mi padre acá!" Génesis 45:13*

Luego José se echó sobre el cuello de su hermano Benjamín y ambos lloraron. Pero lo más hermoso ocurrió después, cuando José se tiró sobre sus hermanos y beso a cada uno. Hasta ese momento ellos estaban atónitos y no habían abierto su boca, pero después de que José les besó hablaron con él.

Cuando lo oyó Faraón se alegró y les pidió volver a Canaán por sus familias, sus ganados y sus pertenencias. José les dio carros y víveres para el camino, además de regalos para cada hermano (en especial a Benjamín) y regalos para su padre.

Cuando sus hermanos se estaban marchando les dijo: "No riñáis por el camino". El sabía que quizás iban a comenzar a discutir y a echarse la culpa el uno al otro por las cosas del pasado. Quizás iban a reprocharse y acusarse uno al otro y esto arruinaría todo. Lo pasado ya ha pasado y no podemos hacer nada al respecto, pero tenemos por delante un futuro prometedor. Es hora de concentrarse en las buenas noticias de las cuales somos portadores y apresurarnos a darlas.

Por otro lado, Jacob se emocionó cuando vio a todos sus hijos regresar sanos y salvos, pero cuando le dijeron que José vivía y que era el señor de toda la tierra de Egipto, su corazón desfalleció porque no les creyó.

Nuestro corazón desfallece cuando no creemos. Cuando tenemos falta de fe, las fuerzas se nos van. Es extraño como sí les creyó cuando le dijeron que había muerto pero ahora que le daban la buena noticia de que él vivía no podía creerlo. El dolor y la amargura nos hacen perder la fe y nos hace incapaces de recibir buenas noticias. No fue sino hasta que VIO con sus propios ojos los carros que José había enviado, que su espíritu revivió. Muchos de nosotros actuamos así: "Ver para creer". A Jacob no le interesó la noticia de que José era el señor de Egipto, lo único que le importó fue que estaba vivo. *"-¡Con esto me basta! ¡José, mi hijo, vive todavía! Iré y lo veré antes de morir."* *Génesis 45:28*

Hay que trabajar

José estaba ansioso por ver a su padre, después de más de veinte años de no saber nada de él. Fue a recibirle a la tierra de Gosén y al verlo corrió hacia él y se echó sobre su cuello y lloró largamente. Luego les dijo que iría y le avisaría a Faraón que estaban allí. José tenía un gran sentido de responsabilidad hacia sus superiores. Aunque el Faraón fue quien dijo que trajera a su familia, aun así José no permitió que su familia se acondicionara hasta hacérselo saber al Faraón. También les dio instrucciones de cómo dirigirse al faraón y lo que debían decirle; debían decir que eran "ganaderos" para así poder habitar en la tierra de Gosén, porque para los egipcios era abominación todo pastor de ovejas. Sin embargo, cuando estuvieron frente al Faraón no le dijeron eso sino que de verdad eran pastores de ovejas. Esto me llamó mucho la atención, pues ellos sabían que al decirle al Faraón su verdadero oficio, el no iba a emplearles. Sin embargo, el Faraón le dijo a José: *"En lo mejor de la tierra haz habitar a tu padre y a tus hermanos; que habiten en la tierra de Gosén, y si sabes que hay entre ellos hombres capaces, ponlos por mayorales de mi ganado."* En otras palabras, ningún hombre capaz iba a vivir a costillas de José, sino que trabajarían por su alimento y por su vivienda.

Quizás los hermanos de José pensaron que por el hecho de que su hermano era el señor en Egipto, ellos también iban a disfrutar de todos sus privilegios sin pagar un precio. Por supuesto que el Faraón les iba a dar lo mejor de la tierra de Egipto, pero lo mejor, siempre tiene un precio. Nada es gratis. ¡Nada! Ni siquiera la salvación. ¿Cómo? Si, así es. Que tú no tuvieras que pagar un precio por ella es algo muy diferente, pero la salvación costó un precio de sangre. No desees ni envidies los privilegios ni bendiciones de los demás. Trabaja y esfuérzate, que Dios bendecirá el fruto de tus manos. Faraón pondría por líderes y capataces a aquellos dispuestos a trabajar.

"Cuando estábamos con vosotros os ordenábamos esto: si alguno no quiere trabajar (ἐργάζομαι: ergatzomai), tampoco coma. Ahora oímos que algunos de entre vosotros andan desordenadamente, no trabajando en nada, sino entrometiéndose en lo ajeno. A los tales mandamos y exhortamos por nuestro Señor Jesucristo que, trabajando sosegadamente (en silencio, concentrados y con

buena actitud), coman su propio pan." 2 Tesalonicenses 3:10-12

Esta no es una sugerencia, sino una orden. En el griego es un mandato que exige obediencia. Aunque no quieras trabajar, Dios te manda a no ser gravoso (ser una carga financiera) para alguien más. Leamos bien: *"si alguno no quiere trabajar"*, ese entonces es quien no debe comer. En el original quiere decir "el que no quiere, ni le gusta ni está dispuesto".

Hay circunstancias en la vida que hacen que una persona NO PUEDA trabajar, pero el verso no se está refiriendo a aquellos que no pueden trabajar sino a quienes NO QUIEREN trabajar. ¿Puedes ver la diferencia? Desde el principio, el trabajo estuvo en la mente de Dios para ocupar al hombre. Dios hizo al hombre a su imagen y semejanza. Dios trabaja, así que espera que el hombre trabaje también. Alguien dijo: "una mente desocupada es el taller de Satanás". Dios creó al hombre y lo puso en el huerto no para que jugara ni perdiera el tiempo ociosamente; lo puso en el huerto para que "lo trabajara" עבד **abad**. *(trabajar, laborar, servir, ministrar)*

Juan 5:17 dice: "Jesús les respondió: --Mi Padre hasta ahora **trabaja** (ἐργάζομαι: ergatzomai), y yo trabajo."

La palabra griega allí quiere decir: Hacer negocios, trabajar, producir.

ES la voluntad de Dios que el hombre trabaje y que sea productivo. José prosperaba porque Dios estaba con él y porque él trabajaba sosegadamente. Los ociosos y flojos hablan más de lo que trabajan. Trabajan 10 minutos y hablan 30. Otros tienen una actitud negativa en contra del trabajo que realizan y lo hacen de mala gana. Algunos quieres que sean otros quienes los mantengan. Todos estos casos son censurados por la palabra de Dios. Debemos trabajar sosegadamente, es decir producir, hacer negocios y trabajar con una buena actitud, en silencio y con excelencia.

Ciclos y estaciones

Es necesario entender los ciclos y estaciones de Dios, sabiendo que estamos en un proceso que puede cambiar de la noche a la mañana. Todos estamos sujetos a un proceso de vida. Cada paso que damos avanzamos hacia la meta final.

El proceso es el conjunto de fases sucesivas de un fenómeno natural y cada fase conlleva un periodo de tiempo determinado necesario para la culminación del mismo.

No podemos saltarnos los pasos ni las fases. El producto quedaría incompleto. Recuerda que Dios perfeccionará toda buena obra que comenzó en nosotros porque Él es fiel. Dios es quien inicia el proceso, por eso no podemos adelantarlo ni retrasarlo, por doloroso o difícil que parezca. Un proceso doloroso fue el de Jacob. Primero, debido a su engaño, perdió su relación con su hermano Esaú y más adelante, es engañado por su suegro Labán. Pierde a Raquel cuando está dando a luz y por último pierde a su hijo favorito José. Este período de "pérdidas" no destruyó a Jacob (a quien Dios cambió su nombre por Israel) sino que lo convirtió en el patriarca que Dios siempre tuvo en mente. Confiemos en que Dios tomará control en medio de cada circunstancia de nuestro transitar por esta tierra. Existen ciclos y estaciones en nuestra vida que se repiten hasta que obtengamos conocimiento y aprendamos cada lección. Los ciclos suelen repetirse alternadamente y debemos estar preparados para enfrentarlos. Las crisis financieras globales también suelen repetirse a manera de ciclos. Por eso quienes estén preparados, sobrevivirán y sacarán provecho y utilidad en medio de ellas.

Continuando con la estrategia

José entonces llevó a cabo un plan de emergencia que siguió a la estrategia que Dios le había dado. Antes de llevar a cabo esta campaña de emergencia nacional, José se preparó. Como ya vimos antes, construyó graneros y ahorró por siete años el 20% de la abundancia. Gracias a esta estrategia José pudo proveer vivienda y mantenimiento primero para los suyos (Génesis 47:11-12). Luego recogió el dinero de los egipcios. El pudo, en momentos de crisis recoger todo el dinero a cambio de grano y comida que él había guardado. Si deseas ser el José de este siglo y prosperar aunque haya conflictos financieros, debes tener lo que otros necesitan para vivir. Busca una necesidad y ofrece una solución. Cuando hay hambre la gente quiere comida, cuando hace frío la gente quiere ropas que les cubran, cuando hace calor la gente quiere refrescarse. Muchos tendrán el dinero pero no habrá pan para comprar, ni comida ni víveres. (Génesis 47:13) Pero si tú construyes graneros, los llenas de abastecimientos y productos de primera necesidad, en momentos de grave dificultad, podrás adquirir dinero a cambio de lo que tú tienes. (Génesis 47:14) José siguió una estrategia por siete años, después de los cuales, le trajeron prosperidad. Cuando todos los demás estaban atravesando "las vacas flacas" José todavía seguía disfrutando de "las vacas gordas".

Después que el dinero se acabó, José recolectó el ganado, luego sus tierras (Génesis 47:18-18) y por último se convirtió en proveedor de trabajo. Le dio semilla al pueblo para que sembraran la tierra (Génesis 47:23) y de las ganancias de la cosecha darían la quinta parte al Faraón y ellos se dejarían las otras cuatro partes. Desde ese día, el pueblo egipcio le debería dar el 20% al faraón, con excepción de los sacerdotes.

Notas finales

Cuando Jacob estaba a punto de morir adoptó legalmente a los dos hijos de José (Efraín y Manases) para que pudieran tener herencia junto con la familia de José. (Génesis 48:5-6) Recordemos que los hijos de José nacieron en Egipto de madre egipcia. El estatus de la madre es lo que determina el estatus del hijo.

Por eso Jacob colocó sobre sus rodillas a sus nietos, porque el hecho de sentar a un niño sobre las rodillas formaba parte de la ceremonia de adopción legal (Génesis 48:12)

Cuando Jacob muere, José lo embalsama como era la costumbre egipcia para poder llevar su cuerpo hasta Canaán como su padre se lo pidió. Cuarenta días tomó todo el proceso de embalsamar el cuerpo, durante los cuales todo el pueblo egipcio estuvo de luto; más treinta días más. Un total de setenta días se guardó luto por Jacob. José luego pide permiso al Faraón de ir a enterrar a su padre (*pudo haberse ido sin notificarle, pero José probaba una vez más que era un hombre que entendía el concepto de autoridad y responsabilidad*).

Los hermanos de José se atemorizan creyendo que José iba a vengarse de ellos, ahora que su padre ya no estaba vivo, por lo que le dijeron que su padre antes de morir les pidió que le dijeran que los perdonara. La culpabilidad todavía los perseguía y atemorizaba. Hasta ese momento, ellos no le habían pedido perdón a José por lo que habían hecho en el pasado. Es muy importante perdonar como también pedir perdón. No basta decir "lo siento"; es necesario decir: "por favor perdóname".

"Entonces enviaron a decir a José: «Tu padre mandó antes de su muerte, diciendo: "Así diréis a José: «Te ruego que perdones ahora la maldad de tus hermanos y su pecado, porque te trataron mal» "; por eso, ahora te rogamos que perdones la maldad de los siervos del Dios de tu padre». Y José lloró mientras hablaban." Génesis 50:16-17

Si hubieren hecho eso desde el principio no hubieran vivido tanto tiempo en temor. Cuando uno perdona y pide perdón, el temor se aleja.

Pero José les respondió: *"No temáis, pues ¿acaso estoy yo en lugar de Dios? Ahora, pues, no tengáis miedo; yo os sustentaré a vosotros y a vuestros hijos. Así los consoló, pues les habló al corazón."*

José lloró al escuchar a sus hermanos tener duda de su perdón y misericordia. Si José le hubiera dicho al faraón lo que sus hermanos hicieron, Faraón los hubiera destruido desde el primer día que ellos llegaron. Si José hubiera deseado venganza, no hubiera esperado hasta que su padre muriera. Poco conocían sus hermanos a José, para darse cuenta que no guardaba ningún rencor ni amargura. Ya habían pasado muchos años desde que sus hermanos llegaron a tierra de Egipto y aun así, parece que no llegaron a recibir el perdón que desde el primer día José les demostró. El castigo de aquellos que te hacen un mal es la culpabilidad que ellos sienten por el daño que te hicieron.

"Vosotros pensasteis hacerme mal, pero Dios lo encaminó a bien, para hacer lo que vemos hoy, para mantener con vida a mucha gente."

Habitó José en Egipto él y la casa de su padre y vivió 110 años; lo embalsamaron y lo pusieron en un ataúd en Egipto. Sus últimas palabras fueron: *"Dios ciertamente os visitará y llevaréis mis huesos a Canaán" Génesis 50:25 / Éxodo 13:19*

Este siglo, esta era y esta sociedad necesitan de un José. No solo para presentar soluciones a las crisis que se avecinan, ni para hacer prosperar el país, sino para dar dirección a las futuras generaciones. Como José, debemos procurar dar esperanza a los que vienen después que nosotros, asegurándoles que verdaderamente Dios les visitará. Preparemos a las siguientes generaciones para el mayor acontecimiento que jamás haya existido: La próxima visitación de Dios a nivel mundial.

¡El Señor viene! Maranata

Bibliografía

A Grimal, Nicolas, Blackwell , Historia del Egipto antiguo 1988

A.H. Gardiner, Publicaciones egipcias tardías (Brussels: Editions de la Fondation Egyptologique Reine Elisabeth, 1937) 137, línea 1

Bacher, *Die Aelteste, Terminología de la interpretación escrita judía*, pp. 34, 42, Leipsic, 1899.E.

Clayton, Peter A. Crónicas de los faraones (Record de los gobernantes y dinastías del antiguo Egipto, reinado por reinado) 1994 Thames y Hudson Ltd ISBN 0-500-05074-0

Dodson, Aidan, Monarcas del Nilo no declarados, 1995 Rubicon Press ISBN 0-948695-20-x

Dunn, Jimmy Dunn, Precios, pagos y salarios en el antiguo Egipto, Intercity Oz Inc.

E. Naville, `El nombre Egipcio de José"*, June, 1910, p. 203-210.

Enciclopedia Judaica, "José". CD-ROM Edition, Judaica Multimedia (Israel) Ltd.

Fausset, Andrew Robert M.A., D.D., "Definición de primogénito" Fausset's Bible Dictionary". bible-history.com - Fausset's; 1878.

Hayes, W C., *Un Papiro del Reino Medio Tardío en el Museo de Brooklyn.*Brooklyn Museum Reprint. 1972.

J. Vergote, José en Egipto p.36; La cocina, "copero" NBD, p.283

Lehner, Mark Pirámides completas (respuestas a misterios antiguos) 1997 Thames y Hudson, Ltd ISBN 0-500-05084-8

Shaw, Ian; Nicholson, Paul, Diccionario del antiguo Egipto, 1995 Harry N. Abrams, Inc., Publishers ISBN 0-8109-3225-3

Strouhal, Eugen, La vida de los antiguos egipcios, University of Oklahoma Press 1992 Opus Publishing Ltda. P.29

The World Book Encyclopedia, "Joseph". Vol. 11, 1988 Edition.

Wilson, John (1950): La circuncisión en Egipto, in James F Pritchard, *Ancient Near Eastern Texts Relating to the Old Testament*, Princeton University Press, p. 326.

Para mayor información con respecto al ministerio

Libres en Cristo Internacional

(Free in Christ Ministries International)

por favor póngase en contacto con :

Jorge y Lorena Gamboa

"de pareja a pareja"

www.jorgeylorena.com

Para invitaciones a actividades de matrimonios y de

familia por favor comuníquese al:

281-429-7497

O escribanos a: ficmi@yahoo.com